Teresinha
DOUTORA DA CIÊNCIA E DO AMOR

FREI PATRÍCIO SCIADINI, OCD

Teresinha

DOUTORA DA CIÊNCIA E DO AMOR

Edições Loyola

Edições Loyola Jesuítas
Rua 1822 nº 341 – Ipiranga
04216-000 São Paulo, SP
T 55 11 3385 8500/8501, 2063 4275
editorial@loyola.com.br
vendas@loyola.com.br
www.loyola.com.br

Todos os direitos reservados. Nenhuma parte desta obra pode ser reproduzida ou transmitida por qualquer forma e/ou quaisquer meios (eletrônico ou mecânico, incluindo fotocópia e gravação) ou arquivada em qualquer sistema ou banco de dados sem permissão escrita da Editora.

ISBN 978-85-15-01689-1

3ª edição: 2001

© EDIÇÕES LOYOLA, São Paulo, Brasil, 1998

Índice

Introdução 7

A carteira de identidade de Santa Teresinha 15

Os pais 17

A morte de Zélia 19

Lisieux – 1877-1888 22

Paulina vai para o Carmelo 24

A falta de amor faz adoecer 26

Cura imediata e inesperada 27

Natal de 1886 29

Teresa, uma jovem bonita e decidida 32

O não do Papa... 35

O amor de Teresa pelos sacerdotes 40

As portas do Carmelo se abrem... 42

O Carmelo 44

Postulante 46

Um erro providencial 49

Profissão – 8 de setembro de 1890 – 17 anos 51

20 anos 53

A descoberta da pequena via 55

Uma brincadeira que deu certo 58

Uma noite escura 60

18 meses de noite e deserto 63

Uma grande decepção 65

O segredo de Teresa 67

Amém 69

Teresa, conta-nos o teu segredo 72

Teresa hoje e amanhã 80

Assim pensava Santa Teresinha 84

De mãos vazias 88

Novena das Rosas 91

Introdução

A proclamação de Sta. Teresinha como doutora da Igreja em 19 de outubro de 1997, pelo Papa João Paulo II, foi ao mesmo tempo uma surpresa e uma notícia esperada. Toda a Igreja esperava por esta decisão do Santo Padre; mais de 40 Conferências Nacionais de Bispos tinham feito este pedido. Os Bispos do Brasil tinham expressado o seu pedido numa votação unânime, que é já um sinal extraordinário de comunhão. A Ordem Carmelitana descalça na pessoa do seu Superior Geral, frei Camilo Maccise, pediu publicamente. Vários teólogos seguiram o mesmo exemplo. É válido que ainda a Igreja confira este título tão singular e tão raro aos Santos? Quais conseqüências evangelizadoras esse ato acarreta para o III Milênio? Não seria por acaso anacrônico? Por que Sta. Teresinha do Menino Jesus, quando muitos outros santos estariam na espera e quem sabe com maiores razões para receber este título? E será que existe "matéria teológica" nos escritos da carmelita de Lisieux para ser proclamada doutora da Igreja, e por que outra carmelita descalça, quando o Carmelo já possui Sta. Teresa de Ávila?

O movimento para o doutorado da padroeira das missões não é de hoje. Na década de trinta, durante o pontificado do Papa Pio XI, que tinha uma devoção toda especial pela santa a ponto de chamá-la "estrela do seu pontificado", foi formulado o pedido. O papa respondeu que gostaria imensamente mas: "Quominus mulier sit: infelizmente é mulher". A barreira do antifeminismo será superada pelo Papa Paulo VI, que, em 27 de setembro de 1970, proclamou Sta. Teresa de Jesus a reformadora do Carmelo, primeira doutora da Igreja.

Em fevereiro de 1997, a Santa Sé entrou em contato com a Ordem Carmelitana, pedindo que preparasse a "Positio", isto é, toda a documentação necessária para ser apresentada ao estudo dos teólogos e à aprovação dos cardeais, antes de chegar às mãos do Papa.

Um trabalho ingente, mas imensamente gratificante, que viu reunidos os melhores especialistas em Sta. Teresinha. Um volume de 939 páginas, que traça toda a trajetória da Santa desde o seu nascimento, a sua influência espiritual no mundo e nas pessoas, na arte, na cultura, no cinema. É surpreendente verificar como todos os papas, de Leão XIII até João Paulo II, têm tido uma deferência especial para esta santa. Os melhores teólogos não têm conseguido fugir do fascínio da simplicidade da teóloga da ciência do amor. Os espiritualistas têm visto em Teresinha um dos gênios mais poderosos da espiritualidade. Santa Teresinha não tem "inimigos". Ela têm passagem livre em todas as camadas da sociedade e em todas as tendências religiosas dentro e fora da Igreja.

Sta. Teresinha não é uma santa que tem uma devoção circunscrita a um povo, a uma região. Ela está presente no mundo todo. Creio que não exista nenhum país do mundo onde não lhe tenha sido dedicada pelo menos uma igreja. É um fenômeno maravilhoso e curioso. A sua devoção é levada por todas as pessoas. Embora Lisieux não seja um santuário visitado por tantas pessoas, a doutrina teresiana espalha-se por uma força própria. Há nos escritos da jovem carmelita uma "unção especial", uma empatia singular que conquista os leitores mais exigentes. Não é a busca da literatura ou da forma poética, é o conteúdo rico, saboroso, revestido na simplicidade. Ousaria dizer que Teresinha é pedagoga nata. Ela possui a capacidade de falar dos mistérios mais profundos do cristianismo com a simplicidade mais impressionante. É discípula da pedagogia de Jesus de Nazaré. Há nos seus escritos o sabor das parábolas bíblicas.

Os papas, o magistério da Igreja nos seus documentos recorrem com bastante freqüência e alegria a "mestra Teresinha" para expressar a simplicidade ou a inefabilidade de Deus. Na escola de Sta. Teresinha há um número imenso de discípulos vindos de todas as partes do mundo e de todas as raças.

O fato de a Igreja proclamar Sta. Teresinha doutora garante em certo sentido a perenidade da doutrina e sua atualidade. A Igreja atual é viva na sua unidade que nasce do seu pluralismo. A riqueza dos carismas eclesiásticos faz cada um de nós parte viva do corpo místico. Ninguém se sente supérfluo e ninguém é o único indispensável.

Parece que a Igreja declarou Sta. Teresinha doutora da Igreja por pressão popular.

Deus é amor e podemos encontrá-lo só pelo amor e nada mais. Este é o único caminho. Sta. Teresinha vem para relembrar-nos que, seja qual for o grau da ciência, da tecnologia que iremos alcançar na vida humana, será sempre necessário reservar um grande espaço ao amor, à oração, à infância, à simplicidade. As máquinas não nos ensinarão jamais a amar e jamais a experimentar a alegria de uma carícia paterna. A sede do amor só se apagará com o amor. Sta. Teresinha vai, acredito, permanecer para sempre e a sua mensagem está destinada a crescer, a ser mais aprofundada, a tornar-se cada vez mais eclesial. A hora da nova evangelização está intimamente ligada a missão de Teresinha: todos somos chamados a ser missionários cada um desde o seu lugar. Não há espaço para a indiferença evangelizadora. O amor que a igreja e o povo reservam para Sta. Teresinha não é uma simples devoção, mas uma atitude de discipulado de quem quer aprender a ir direto ao coração humano e a falar de amor.

Dos 34 doutores da Igreja muitos estão esquecidos pela Igreja, pelo povo. Parece-me que isto não vai acontecer com Sta. Teresinha; ela é viva na história do caminho de quem quer chegar até Deus e permanecer missionário agora e na eternidade, suplicando para que continue a cair sobre a terra uma chuva de rosas.

Os homens e mulheres do III Milênio parecem mais abertos e atentos aos valores humanos que às "verdades" sistemáticas da teologia. Há uma busca muito grande da valorização dos próprios sentimentos e emoções como caminhos novos da oração e da experiência de Deus.

Sem dúvida os escritos de Sta. Teresinha, especialmente a *História de uma alma*, nos possibilitam conhecer mais de perto a vivência do amor de Deus, de alguém que buscou a Deus como pai compreensivo e misericordioso.

Teresinha é humana e assume a humanidade, as lágrimas, os medos, os sonhos; e tudo isto faz de Sta. Teresinha do Menino Jesus alguém que nos atrai e alguém de quem se acolhem as palavras e mensagem com muito amor e receptividade. O doutorado de Sta. Teresinha é destinado a torná-la ainda mais popular e amiga de todos os que buscam a Deus Amor que no entardecer da vida nos julgará sobre o Amor.

Frei Patrício Sciadini, O. C. D.

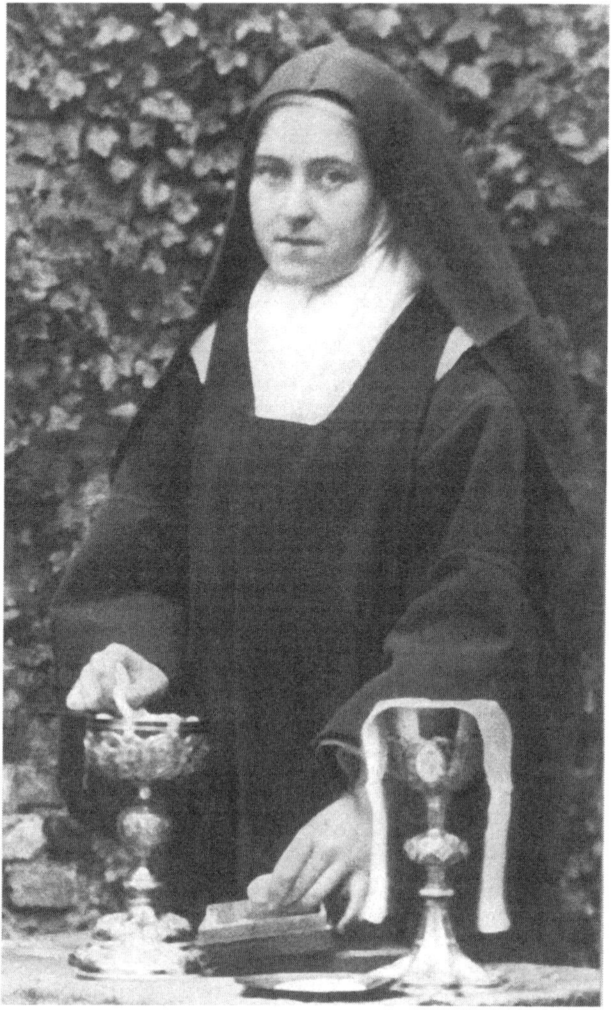

A carteira de identidade de Santa Teresinha

Todos nós sempre carregamos conosco a carteira de identidade. Quando alguém pede nossos dados pessoais é só apresentá-la e seremos identificados. Com ela evitamos ser confundidos com outras pessoas parecidas. Um pequeno pedaço de papel, mas muito importante. Se pedirmos à Santa Teresinha a sua carteira de identidade, teremos uma visão rápida de sua vida.

Nome: Maria Francisca Teresa Martin
Filiação: Luiz Martin e Zélia Guerin
Nacionalidade: Francesa
Nascimento: 2.10.1873

Estes simples dados são essenciais para qualquer pessoa. Devem ser enriquecidos por tudo aquilo que alguém consegue realizar em sua vida. Maria Francisca Teresa Martin soube dar um sentido todo especial à sua existência. Alcançou o ideal que desde menina se propôs: "quero ser santa". Depois de 100 anos de sua morte, ela continua a ser uma presença viva na Igreja, iluminando milhares de almas com sua doutrina da pequena via e da infância espiritual. Vamos conhecer melhor este gênio da espiritualidade, esta menina, "bonita e cativante", e, assim, poderemos encontrar a força no caminho do dia-a-dia.

Os pais

Ninguém nasce sozinho e ninguém vive sozinho. Não se pode colocar em dúvida a importância da família na educação e no futuro de cada um de nós. Olhando a nossa família, os nossos pais, descobrimos o que somos hoje. É urgente recolocar Deus no coração da família. Cada pai, cada mãe não pode dizer-se satisfeito apenas por ter colocado crianças no mundo, mas deve transmitir-lhes com a vida, também com a fé, a educação, a cultura, os princípios morais. A criança é como o "barro nas mãos do oleiro": dócil para receber o que lhe é oferecido pelo ambiente onde vive.

Na verdade, os pais de Santa Teresinha foram modelo de pais, os quais se preocuparam com a educação global dos seus nove filhos. Luiz Martin, homem bom, de espírito aventureiro. Gostava de viajar, conhecer terras novas. Na sua juventude tinha sonhado em ser monge, mas o desconhecimento do latim o fez desistir da idéia. A mãe, Zélia Guerin, artista no bordado de lenços, também tinha pensado em ser vicentina, mas a superiora achou que ela não possuía vocação e, com isso, nada feito.

Quando os dois se casaram, no dia 13 de julho de 1873, Luiz Martin estava com 35 anos e Zélia, com 25. Um casamento que, como era costume na época, aconteceu à meia-noite, isto depois de um breve noivado de três meses. A sexualidade naquele tempo era tabu, mistério. Zélia não estava preparada para o matrimônio e nem Luiz. Queriam viver como irmão e irmã, sem terem filhos. A oração, o encontro e o diálogo com um sacerdote fizeram-nos mudar de projetos: "terão muitos filhos".

Ao todo foram nove filhos, dois meninos e sete meninas. Quatro filhos morreram ainda crianças. As cinco meninas sobreviveram, todas foram religiosas. Quatro carmelitas descalças, no mosteiro de Lisieux e uma visitandina. São os mistérios do Senhor. Os caminhos de Deus que nem sempre combinam como os nossos.

Os pais tinham uma verdadeira paixão pelos filhos. Souberam transmitir-lhes os verdadeiros princípios religiosos. A casa dos Martin podemos chamá-la de uma pequena Igreja doméstica, onde o amor, a oração, a compreensão e o temor de Deus eram o ponto central.

Na família Martin nunca se passou fome. A situação econômica era boa. O pai, com seus trabalhos de relojoeiro, ganhava bem e Zélia, como responsável da pequena firma de bordados, sabia completar as economias da casa. Uma vida confortável, sem dificuldades. Por isso, foi possível enviar todas as filhas para estudar em colégios particulares.

A morte de Zélia

Não podemos dizer que Teresinha foi a menina esperada. A mãe esperava um menino e veio uma menina. Nada de rejeição e de tristeza. Acolheu-a com muita alegria e felicidade. A primeira infância de Teresinha não foi nada fácil. Mamãe Zélia tinha um grande medo: não poder amamentar a sua última filha. Já tinha tido problemas com as outras. Numa carta escreveu: "Como eu seria feliz se o bom Deus me desse a alegria de amamentar esta pequenina. Eu amo loucamente as crianças, nasci para ter filhos". No entanto, sabemos como foram difíceis os primeiros meses de vida de Teresinha. Foi necessário procurar uma ama de leite para que a pequenina pudesse sobreviver. Rosa Taillé foi a escolhida. Teresinha passou meses felizes na casa de sua ama de leite, na pequena cidade de Semallé. Uma família de pobres trabalhadores de roça, mas que não deixou faltar nada para os próprios filhos nem para Teresinha. Todos os finais de semana eles a levavam para Alençon, a fim de que ela pudesse ficar com os pais e as irmãs. Acostumada com a vida do campo, não se adaptou facilmente à vida fechada da cidade. Parecia uma pequena camponesa, bem bronzeada, que gostava mais de passear de carrinho pelos campos que brincar com bonecas. Bem cuidada, bonita, os pais cada vez mais sentiam-se orgulhosos da própria filha. Mas a pequena Teresa, desde cedo, manifestou o seu caráter, o seu gênio forte, decidido. Sabia como fazer valer seus direitos: batendo os pés, chorando e fazendo chantagem emocional com os que estavam ao redor. Ela sabia que era a "rainha" da família e usava deste argumento para que os seus caprichos se realizassem como ela queria.

A mãe sempre generosa em notícias sobre Teresinha: nas cartas que escrevia dizia que a pequenina era capaz de tudo: gritar, romper o que tinha nas mãos, fazer estripulias, chorar até ensurdecer os que estavam perto. Aos três anos, o pequeno "furacão", longe de ser uma menina sem defeitos, sabia fazer-se amar e ser o centro das atenções de todos, criando, às vezes, situações difíceis com os amigos que visitavam a família Martin.

Mamãe Zélia então percebeu que sua saúde não estava boa. A doença avançava de maneira impiedosa e de nada serviam os remédios nem a viagem a Lourdes para pedir a cura. Ela estava preocupada com o futuro das filhas. Sabia que o marido era um homem bom. Desejaria que toda mulher tivesse um marido bom como Luiz, mas também sabia que ele não tinha muito jeito para as coisas, para educar as filhas e para assumir tão grande responsabilidade. Ele era dominado pelo afeto, pelo amor às filhas, especialmente pela sua "rainha", como gostava de chamar a sua Teresinha. Viciou as filhas com sua ternura. Zélia confiava muito no seu irmão Isidoro. Antes de morrer, é a ele que pediu para que vigiasse a educação das filhas. O retrato que mamãe Zélia nos deixou de Teresinha é delicioso: "É de uma inteligência superior à de Celina, mas muito menos doce e, sobretudo, é cabeçuda até não poder mais. Quando diz 'não', nada nem ninguém consegue convencê-la".

A mãe gozou muito pouco da presença de sua filha caçula e vice-versa. A morte bateu à porta da casa dos Martin para levar Zélia no dia 28 de agosto de 1877, com apenas 46 anos de idade, quando Teresinha tinha então quatro anos e meio. Que falta lhe faria a presença da mãe! No sofrimento de perda da mãe, a pequena Teresa se lançou ao pescoço da sua irmã Paulina e lhe disse: "Você será minha mãe".

A própria Teresa, mais tarde, já no Carmelo, relatou a mudança que a morte da mãe operou no seu coração: "A partir da morte de mamãe, o meu jeito alegre de ser mudou completamente; eu era tão viva, expansiva, tornei-me tímida e doce, e excessivamente sensível".

Lisieux — *1877-1888*

Depois da morte de Zélia, a família Martin, estimulada pelo tio Isidoro, decidiu transferir-se para Lisieux. Uma cidade bem maior que Alençon, com mais ou menos 18.000 habitantes. Isidoro preocupou-se em procurar uma casa bem grande, silenciosa, com amplos jardins para que Luiz pudesse ter um lugar para suas meditações e as meninas tivessem espaço suficiente para brincar. Quem visita Lisieux pode contemplar ainda hoje os "Buissonets" quase iguais aos dos tempos de Teresa. O pai relutou a deixar a sua querida Alençon, especialmente os amigos, mas pelo bem das filhas estava disposto a tudo. A família estava reunida e Teresinha era o centro do afeto e das atenções do pai e das irmãs.

Durante este período, Teresinha viu pela primeira vez o mar e, como toda criança, ficou extasiada diante de tanta beleza. Fez a primeira confissão e participou mais ativamente da vida da família do tio Isidoro. Encontrou na sua tia uma presença materna e delicada, o que fez despertar a inveja e o ciúme de suas primas.

Era o ano de 1881. Teresinha tinha então oito anos e já era tempo de ir para a escola. Aprender a ler e escrever e continuar os primeiros estudos iniciados com Paulina. Toma, com uma certa tristeza, o caminho para o colégio das Beneditinas, onde encontra, sua irmã Celina, que possuía entre as colegas o apelido de "intrépida". Não gostou do colégio e nos deixou uma confissão triste: "Ouvi dizer que o tempo passado no colégio é o melhor e o mais doce de toda vida. Para mim não foi assim: os cinco anos que aí passei foram os mais tristes de toda a minha vida". Durante o tempo de colégio fez a Primeira Comunhão, em que recebeu "o beijo de Jesus na sua alma". Quando voltou para sua querida casa, explodia de alegria e brincou até não poder mais com sua irmã Celina e com sua prima Maria.

Paulina vai para o Carmelo

Na escola Teresa não era um gênio como na espiritualidade. Não era grande coisa na matemática e no francês deixava a desejar. No catecismo não tinha ninguém mais aplicada do que ela, ao ponto de o capelão chamá-la "a minha doutorazinha". Aos nove anos descobriu, por acaso, que Paulina entraria no Carmelo. Pensou e, sem saber o que era o Carmelo, decidiu imitá-la e segui-la mais tarde: *"Não sabia o que era o Carmelo, mas compreendia que Paulina ia deixar-me para entrar no convento. Compreendia que não me esperaria e que eu ia perder minha segunda mãe. Ah! Como descrever a angústia do meu coração?... Num instante, compreendi o que é a vida, até então não a vira tão triste, mas apresentou-se a mim em toda a sua realidade. Vi que era só sofrimento e separação contínua. Derramei lágrimas muito amargas, pois ainda não compreendia a alegria do sacrifício. Era fraca, tão fraca que vejo como grande graça ter conseguido suportar uma provação que me parecia muito superior às minhas forças!... Se tivesse sofrido tanto, mas, sabido de surpresa, foi como um dardo cravado em meu coração.*

Recordarei sempre, madre querida, a ternura com que me consolaste... Explicaste a vida do Carmelo, que me pareceu muito bonita. Rememorando tudo o que me disseste, senti que o Carmelo era o deserto onde Deus queria que eu também fosse me esconder... Senti-o com tanta força que não sobrou a menor dúvida em meu coração, não era um sonho de criança que se deixa levar, mas a certeza de um chamamento de Deus. Queria ir para o Carmelo, não por causa de Paulina, mas só por Jesus... Pensei muitas coisas que as palavras não podem expressar, mas que deixaram uma grande paz em minha alma".

A falta de amor faz adoecer

A entrada de Paulina no Carmelo de Lisieux, em 2 de outubro de 1882, desencadeou uma crise afetiva muito grande em Teresinha. Sentiu-se novamente só, abandonada e orfã pela segunda vez. Tentou esconder todo seu sofrimento. Porém, grandes mudanças aconteceram em sua vida: na escola não conseguia estudar, perdia sua expansividade, sua alegria; preferia fechar-se no silêncio e sofrer sozinha. Em dezembro de 1882, foi obrigada a deixar as aulas por causa de fortes dores de cabeça. O mal-estar de Teresinha foi aumentando. No período das festas pascais de 1883, o pai, que era seu "rei e consolador", decidiu dar um passeio até Paris para distrair-se um pouco e rever os amigos. Teresa, por ser pequena, ficou com os tios, que a trataram como uma pequena "rainha". O discurso caía continuamente sobre a mamãe. Esta lembrança era para Teresinha motivo de sofrimentos e, sem saber como, adoeceu. Uma febre forte, tremores, convulsões apoderaram-se dela. O pai foi avisado e voltou imediatamente para Lisieux. Ninguém conseguia entender o que se passava na vida de Teresinha. O médico, sem entender nada, sentenciou: "É uma doença muito grave; nunca vi coisa igual em criança alguma". Eles temiam perdê-la. Toda família rezava e mandava rezar pela saúde desta criança tão amada e querida.

Cura imediata e inesperada

A situação de Teresinha era alarmante. Ninguém sabia mais o que fazer para aliviar seu sofrimento. A única saída era a oração. Era o dia 13 de maio de 1883, festa de Pentecostes. Leônia, mais tarde Visitandina, estava presente, cheia de cuidados com a sua pequena Teresa. Quando a doente começou a chamar, como era costume nos momentos de dor e quase delírio: "Mamãe, mamãe!", Leônia chamou Maria, que estava no jardim para que corresse e visse o que era preciso. Teresinha não reconhecia ninguém. De joelhos se rezou para que Deus viesse em socorro. Deixemos que a própria Teresa nos conte o que aconteceu: "... *De repente a Santíssima Virgem pareceu-me bonita, tão bonita que nunca vira algo semelhante. Seu rosto exalava uma bondade e uma ternura inefáveis, mas o que calou fundo em minha alma foi o sorriso encantador da Santíssima Virgem. Todas as minhas penas se foram naquele momento; duas grossas lágrimas jorraram das minhas pálpebras e rolaram pelo meu rosto, eram lágrimas de pura alegria... Ah! Pensei, a Santíssima Virgem sorriu para mim, estou feliz... sim, mas nunca direi a quem quer que seja, pois então minha felicidade iria embora. Baixei os olhos sem esforço nenhum e vi Maria que olhava com amor. Parecia comovida e duvidosa do favor que a Santíssima Virgem me concedera... Ah! Fora por causa dela, das suas intensas orações, que eu tivera a* *graça do sorriso da Rainha dos Céus. Vendo meu olhar fixado na Santíssima Virgem, **ela dissera** para si mesma: Teresa está curada!"*.

A cura não foi total. Foram necessários vários anos para que Teresa pudesse recuperar totalmente seu equilíbrio emocional. Em 1886 também Maria partiu para o Carmelo e Teresa sentiu-se novamente orfã.

Teresinha teria todos os motivos para odiar o Carmelo, o qual lhe roubou, uma a uma, as pessoas mais queridas. No entanto, tudo isto servia para reafirmar nela o desejo de um dia ser carmelita e oferecer toda sua vida pela salvação dos pecadores, pelos sacerdotes e pelos missionários. Deus curaria Teresa não somente dos seus traumas mas também da terrível doença dos escrúpulos que tanto a faziam sofrer.

Natal de 1886

Teresa amava as festas e gostava de ser festejada. A festa de que mais gostava e que mais esperava era o Natal, quando então recebia muitos presentes do seu querido "rei", papai Luiz, e de suas irmãs. A família Martin, reduzida a três pessoas: papai, Celina e Teresa voltava da missa da meia-noite. O pai estava cansado e desabafava: "É triste que eu tenha ainda uma menina de 14 anos que só espera receber presentes. Graças a Deus este é o último ano!" Teresa ouviu este desabafo. Sofreu e derramou rios de lágrimas. Subiu até o primeiro andar para tirar o chapéu. Celina tentou convencê-la a não descer. Teresa não aceitou o conselho. Desceu e como se nada tivesse acontecido participou da festa, mas dentro dela algo mudou, não seria mais a mesma.

Também os santos precisavam se converter, mudar de vida. Teresa deixou atrás de si toda forma de egocentrismo e descobriu a alegria de não pensar mais nela mesma, mas nos outros. Neste mesmo Natal também se converteu o grande poeta francês Paul Claudel e o grande místico Charles de Focauld.

Vamos deixar que Teresa nos conte o mistério de sua conversão: *"Foi em 25 de dezembro de 1886 que recebi a graça de sair da infância, em suma, a graça de minha completa conversão. Estávamos voltando da Missa do Galo, em que havia tido a felicidade de receber o Deus Forte e Poderoso. Ao chegar aos Buissonets, alegrava-me por pegar meus sapatos na lareira. Esse costume antigo causara-nos tanta alegria durante a infância que Celina queria continuar a me tratar como um bebê, por ser a menor da família... papai gostava de ver minha felicidade, ouvir meus gritos de alegria ao tirar cada surpresa dos sapatos encantados, e a alegria do meu 'rei' querido aumentava muito a minha. Mas querendo Jesus mostrar-me que devia me desfazer dos defeitos da infância, tirou de mim também as inocentes alegrias; permitiu que papai, cansado da Missa do Galo, sentisse tédio vendo meus sapatos na lareira e dissesse essas palavras que me magoaram: 'Enfim, felizmente, é o último ano!...' Subi a escada para ir tirar meu chapéu. Celina, conhecendo minha sensibilidade e vendo já as lágrimas em meus olhos, ficou também com vontade de chorar, pois amava-me muito e compreendia meu sofrimento: 'Oh, Teresa!' — disse-me — 'não desça, causar-te-á tristeza demais olhar já teus sapatos'. Mas Teresa não era mais a mesma, Jesus havia mudado o coração dela! Reprimindo minhas lágrimas, desci rapidamente e, comprimindo as batidas do coração, peguei meus sapatos... então, colocando-os diante de papai, tirei alegremente todos os objetos, parecendo feliz como uma "rainha". Papai ria também, voltara a ficar alegre e Celina pensava sonhar!... Felizmente, era uma doce realidade. A pequena Teresa encontrara a força de alma que perdera aos 4 anos e meio e ia conservar para sempre!...*

Nessa noite de luz, começou o terceiro período da minha vida, o mais bonito de todos, o mais cheio das graças do Céu... Num instante, a obra que eu não pude cumprir em dez anos, Jesus a fez contentando-se com a boa vontade que nunca me faltara. Como os Apóstolos, podia dizer-lhe: 'Senhor, pesquei a noite toda sem nada pegar'. Ainda mais misericordioso comigo do que com os discípulos, Jesus pegou Ele mesmo a rede, lançou-a e retirou-a cheia de peixes... Fez de mim um pescador de almas; senti um desejo imenso de trabalhar para a conversão dos pecadores, desejo que eu não tinha sentido tanto antes... Em suma, senti a caridade entrar em meu coração, a necessidade de me esquecer para agradar e, desde então, fiquei feliz!... Num domingo, ao olhar uma foto de Nosso Senhor na Cruz, fiquei impressionada com o sangue que caía de uma das mãos divinas. Senti grande aflição pensando que esse sangue caía no chão sem que ninguém se apressasse em recolhê-lo. Resolvi ficar, em espírito, ao pé da Cruz para receber o divino orvalho que se desprendia, compreendo que precisaria, a seguir, espalhá-lo sobre as almas... O grito de Jesus na Cruz ressoava continuamente em meu coração: 'Tenho sede!'. Essas palavras despertavam em mim um ardor desconhecido e muito vivo... Queria dar de beber a meu Bem-Amado e sentia-me devorada pela sede das almas... Ainda não eram as almas dos sacerdotes que me atraíam, mas as dos grandes pecadores. Ardia do desejo de arrancá-los às chamas eternas..."

Teresinha deixou a infância e entrou na maturidade. Deixou o infantilismo e assumiu de verdade a autêntica infância espiritual. Sentiu-se adulta e não aceitou mais que Celina a tratasse como um bebê só porque era a menor da família, mas queria ser tratada como pessoa adulta que sabe o que quer e tem bem claro o seu ideal: ser carmelita para agradar exclusivamente a Jesus.

Teresa, uma jovem bonita e decidida

Ao dizer que Teresa Martin era uma jovem bonita não fazemos nenhuma concessão. É só olhar as fotos que temos para receber todo o fascínio desta jovem da Normandia. Alta, 1,62 cm, olhos penetrantes e meigos, gestos elegantes e educados, silenciosa no momento certo e capaz de falar e defender a sua causa de carmelita diante de qualquer pessoa. Teresa é uma jovem que tem pressa, quer fazer as coisas rapidamente, não sabe esperar.

Aos 14 anos tinha um objetivo bem preciso: ser carmelita e entrar no Carmelo com 15 anos. É um desafio que ela fez a si mesma e aos outros. "Amar é doar tudo e doar a si própria". A história do criminoso Alessandro Pranzini que, em março de 1887, cometeu, por motivos de roubos, três homicídios que horrorizaram toda Paris teve, sem dúvida, um peso muito forte na sua vocação. Ela queria salvar os pecadores, sentar-se à mesa dos pecadores para poder amá-los e convertê-los. Mediante seus sacrifícios e orações, conseguiu obter a graça de que Pranzini, antes de ser guilhotinado, desse sinais de conversão, beijando o crucifixo. Este foi o seu primeiro filho espiritual.

O Carmelo se apresentou para a jovem Teresa como um deserto onde poderia amar apaixonadamente o seu Jesus que tanto buscava. Queria entrar no Carmelo aos 15 anos e convencer muitas pessoas para que dessem o seu consentimento.

No dia 29 de maio de 1887, festa de Pentecostes, Teresinha revelou o seu segredo de ser carmelita ao pai. O velho Luiz Martin, com o coração alegre, embora sofrido, soube dizer o seu "sim" e apoiou a vocação da sua última filha. Ele sabia que iria perder os abraços e os beijos de sua rainha, mas sabia também que iria ganhar uma forte intercessora no céu.

Mas como enfrentar o tio Isidoro? Um dia Teresa tomou coragem e pediu para o tio a licença para entrar no Carmelo e recebeu um "NÃO" maior que o mundo. Teresa aceitou. Sofreu em silêncio e rezou para que esse "não", um dia, viesse a tornar-se um lindo "sim".

Mais difícil ainda foi convencer o capelão do Carmelo, Padre Delatroette. Severo, austero e acostumado a dizer "não", ele se opôs à idéia de que Teresa entrasse no Carmelo ainda tão nova e inexperiente.

Foi necessário ir até o Bispo de Bayeux para ver se ele dava a licença. O pai a acompanhou e se encarregou de ser o seu advogado, mas o Bispo também disse "não". O que restou a Teresa foi chorar e recorrer ao Papa Leão XIII durante uma visita que estava sendo organizada na Diocese.

A viagem para Roma estava programada. Iriam os três amigos inseparáveis: Luiz Martin, Celina e Teresa.

Uma viagem cheia de aventuras, de esperanças, de oração para poder realizar o seu sonho de entrar no Carmelo aos 15 anos.

A peregrinação iniciou-se no dia 4 de novembro, composta por um grupo numeroso de 197 peregrinos que queriam prestar a sua própria homenagem ao Papa Leão XIII por ocasião dos seus 50 anos de sacerdócio.

O não do Papa...

Teresa estava decidida. Pediria ao Papa a licença para entrar no Carmelo aos 15 anos.

A viagem foi longa e cansativa. Duas coisas foram importantes nesta viagem: o "não" do Papa e a descoberta de sua vocação de rezar pelos sacerdotes. Teresa assim nos conta a experiência de sua conversa com o Papa Leão XIII:

"Domingo, 20 de novembro, depois de nos vestirmos segundo o cerimonial do Vaticano (isto é, de preto, com uma mantilha de renda na cabeça) e nos termos enfeitado com uma grande medalha de Leão XIII amarrada com fita azul e branca, fizemos nossa entrada no Vaticano, na capela do Soberano Pontífice. Às 8 horas, nossa emoção foi profunda ao vê-lo entrar para celebrar a santa Missa... Depois de dar a bênção aos numerosos romeiros reunidos ao seu redor, subiu os degraus do santo Altar e mostrou-nos, pela sua piedade digna do Vigário de Jesus, que era verdadeiramente 'o santo Padre'. Meu coração batia muito forte e minhas orações eram muito fervorosas quando Jesus descia nas mãos do seu Pontífice e eu estava muito confiante. O Evangelho desse dia continha essas palavras animadoras: 'Não tenhais receio, pequeno rebanho, porque foi do agrado de vosso Pai dar-vos o seu Reino'. Eu não receava, esperava que o reino do Carmelo fosse meu em breve. Não pensava então nessas outras palavras de Jesus: 'Prepa-

ro para vós cruzes e provações; assim é que sereis dignos de possuir esse Reino pelo qual ansiais. Por ter sido necessário o Cristo sofrer para entrar na sua glória, se desejais ter lugar ao lado Dele, bebei do cálice que Ele bebeu!...'. Esse cálice foi-me apresentado pelo Santo Padre e minhas lágrimas misturaram-se à bebida que me era oferecida.

Depois da Missa de ação de graças que se seguiu a de Sua Santidade, a audiência começou. Leão XIII estava sentado numa grande poltrona, vestido simplesmente da batina branca, camalha da mesma cor e o solidéu. Ao redor dele estavam cardeais, arcebispos, bispos, mas só os vi vagamente, estando ocupada com o Santo Padre. Desfilávamos diante dele, cada romeiro se ajoelhava, beijava o pé e a mão de Leão XIII, recebia sua bênção e dois guardas o tocavam para indicar-lhe que se levantasse (o romeiro, pois explico-me tão mal que se poderia pensar que fosse o Papa). Antes de subir ao apartamento pontifício, eu estava muito resolvida a falar, mas senti minha coragem falhar vendo à direita do Santo Padre 'o padre Révérony!...' Quase no mesmo instante, disseram-nos da parte dele que proibia falar com Leão XIII, pois a audiência estava prolongando demais... Virei para minha querida Celina a fim de consultá-la: 'Fala' — disse-me ela. Um instante depois, eu estava aos pés do Santo Padre. Tendo eu beijado seu chinelo, ele me apresentou a mão. Em vez de beijá-la, pus as minhas e, levantando para o rosto dele meus olhos banhados em lágrimas, exclamei: 'Santíssimo padre, tenho um grande favor para pedir-vos!...' Então, o Soberano Pontífice inclinou a cabeça de maneira que meu rosto quase encostou no dele e vi seus olhos, pretos e profundos, fixar-se sobre mim e parecer penetrar-me até o fundo da alma. 'Santíssimo Padre' — disse — 'em honra do vosso jubileu, permitai que eu entre no Carmelo aos 15 anos!...'

Sem dúvida, a emoção fez tremer a minha voz e, virando-se para o padre Révérony que me olhava surpreso e descontente, o Santo Padre disse: 'Não compreendo muito bem'. Se Deus tivesse permitido, teria sido fácil para o padre Révérony obter para mim o que eu desejava, mas era a cruz e não a consolação que Ele queria me dar. 'Santíssimo Padre' — respondeu o vigário geral — 'é uma criança que deseja ingressar no Carmelo aos 15 anos, mas os superiores examinam a questão neste momento'. 'Então, minha filha' — respondeu o Santo Padre, olhando-me com bondade — 'fazei o que os superiores vos disserem'. Apoiando minhas mãos sobre seus joelhos tentei um último esforço e disse com voz suplicante: 'Oh! Santíssimo Padre, se dissésseis sim, todos estariam a favor!...' Ele me olhou fixamente e pronunciou as seguintes palavras destacando cada sílaba: 'Vamos... Vamos... Entrareis se Deus quiser...' Sua acentuação tinha alguma coisa de tão penetrante e de tão convincente que tenho impressão de ouvi-lo ainda. A bondade do Santo Padre me animava e queria falar mais, mas os dois guardas tocaram-me polidamente para fazer-me levantar. Vendo que isso não era suficiente, seguraram-me pelos braços e o padre Révérony os ajudou a levantar-me, pois ainda estava com as mãos juntas, apoiadas nos joelhos de Leão XIII, e foi pela força que me arrancaram dos seus pés... No momento em que estava sendo retirada, o Santo Padre colocou sua mão nos meus lábios e levantou-a para me benzer. Então, meus olhos encheram-se de lágrimas e o padre

Révérony pôde contemplar, pelo menos, tantos diamantes como tinha visto em Bayeux...

Os dois guardas carregaram-me, pode-se dizer, até a porta e um terceiro me deu uma medalha de Leão XIII. Celina me seguia e havia sido testemunha da cena que acabava de acontecer. Quase tão emocionada quanto eu, teve, todavia, a coragem de pedir ao Santo Padre uma bênção para o Carmelo. O padre Révérony, com voz descontente, respondeu: 'O Carmelo já foi abençoado'. O bondoso Santo Padre confirmou com doçura: 'Oh, sim! Já foi abençoado'. Antes de nós, papai viera aos pés de Leão XIII, com os homens. O padre Révérony foi gentil com ele, apresentando-o como pai de duas carmelitas. Como sinal de benevolência, o Soberano Pontífice pôs a mão sobre a cabeça venerável do meu 'rei' querido, parecendo marcá-la com um selo misterioso, em nome Daquele de quem é o verdadeiro representante... Ah! Agora que esse pai de quatro carmelitas, está no céu, não é mais a mão do Pontífice que repousa sobre sua fronte, profetizando-lhe o martírio... É a mão do Esposo das Virgens, do Rei de Glória, que faz resplandecer a cabeça de seu Fiel servo. E, mais do que nunca, essa mão adorada não deixará de repousar na fronte que tem glorificado...

Meu papai querido ficou muito triste ao me encontrar chorando à saída da audiência, fez tudo o que pôde para me consolar, mas foi inútil... No fundo do coração, sentia grande paz, pois tinha feito tudo o que me era possível fazer para responder ao que Deus queria de mim, mas essa paz estava no fundo e a amargura enchia minha alma, pois Jesus ficava calado. Parecia-me ausente, nada revela-

va a presença Dele... Ainda naquele dia, o sol não brilhou e o belo céu azul da Itália, carregado de nuvens escuras, não parou de chorar comigo... Ah! Para mim, a viagem tinha acabado. Não comportava mais encantos, pois a finalidade não fora alcançada. Todavia as últimas palavras do Santo Padre deveriam ter-me consolado: não eram, de fato, verdadeira profecia? Apesar de todos os obstáculos, o que Deus quis cumpriu-se. Permitiu que as criaturas fizessem o que queriam, mas à vontade Dele..."

O amor de Teresa pelos sacerdotes

Em Roma, Teresa descobriu sua vocação de entrar no Carmelo para rezar pelos sacerdotes. A família Martin sempre teve grande amor e respeito pelos sacerdotes que foram amigos e admitidos na intimidade familiar. O conceito de sacerdote que se tem, nesta santa família, é de que são homens santos. Mas o convívio com mais de 160 sacerdotes, durante a peregrinação a Roma, fez Teresinha compreender que é necessário rezar por eles e muito.

"A segunda experiência que fiz diz respeito aos sacerdotes. Não tendo vivido nunca na sua intimidade, não podia compreender a principal finalidade da reforma do Carmelo. Rezar para os pecadores me empolgava, mas rezar para as almas dos padres, que eu acreditava mais puras que o cristal, parecia-me estranho!...

Ah! Compreendi minha vocação na Itália, não era ir buscar longe demais um conhecimento tão útil...

Durante um mês, vivi com muitos padres santos e vi que, se sua sublime dignidade os eleva acima dos anjos, nem por isso deixam de ser homens frágeis e fracos... Se padres santos que Jesus denomina no seu Evangelho 'sal da terra' mostram em sua conduta que precisam extrema-

mente de orações, o que dizer daqueles que são tíbios? Jesus não disse também: 'Se o sal se tornar insípido, com que há de se lhe restituir o sabor?'

Oh! Madre! Como é bonita a vocação que tem por finalidade conservar o sal destinado às almas! Essa vocação é a do Carmelo, pois a única finalidade das nossas orações e dos nossos sacrifícios é ser apóstolo, rezando para eles enquanto evangelizam as almas por suas palavras e, sobretudo, por seus exemplos... Preciso parar, se continuasse a falar sobre este assunto não acabaria nunca!..."

O que Teresa tinha visto nos sacerdotes durante esta viagem? O que a tinha escandalizado? Provavelmente, nada de grave. Mas o que toca o seu coração é a constatação da mediocridade de tantos sacerdotes nas orações, nas celebrações da Eucaristia. Quem sabe, conversas levianas e sem sentido. Atitudes que não eram edificantes. Desentendimentos e discussões entre eles e gestos de mau humor devem ter calado fundo no coração de Teresinha.

Todo sacerdote sabe que tem em Santa Teresinha do Menino Jesus uma irmã que no céu intercede e suplica por ele. Uma irmã fiel que tem dado sua vida para que os sacerdotes, "sal da terra", possam continuar a ser força e sal para todas as almas que a eles recorrem. Rezar pelos sacerdotes é a maneira mais bela de ser Igreja e de viver a dimensão da missionariedade. Ser missionária com os nossos sacerdotes. Sermos para eles a força invisível do espírito santo e a presença de amizade discreta e cheia de ternura. Teresinha, a irmã de cada sacerdote, convida-nos a amar os padres da nossa comunidade e ajudá-los a viver com maior intensidade o seu sacerdócio.

As portas do Carmelo se abrem...

Teresa não gostava de esperar. Tinha pressa. Parecia intuir que o tempo que tinha à sua disposição era pouco e tinha muitas coisas a fazer, projetos para realizar, sonhos para viver, amor para dar e momentos de Deus para não desperdiçar. Até que, no dia 9 de abril, uma segunda-feira do ano de 1888, recebeu o sinal verde para entrar no Carmelo.

Na véspera de sua entrada no Carmelo, papai Luiz, o "rei de Navarra", não sabia o que fazer para agradar a sua "rainha". Convidou a todos para o jantar, a família do tio Isidoro, que depois da morte de Zélia permaneceu tão unida e tão solidária nos momentos de maior sofrimento.

No dia 9 de abril, de manhã cedo, Teresa, acompanhada pelo pai e pelos parentes mais próximos, vestida como uma princesa, dirigiu-se com o coração feliz e cheio de emoção para o Carmelo. Participou com toda a sua fé da celebração da Santa Missa das sete horas. Ao seu redor ouviu soluços e choro. Não quis manifestar a sua emoção e mais tarde relembrou, com um certo orgulho: "Somente eu não derramei lágrimas". Acompanhada pelos familiares se dirigiu para a porta do mosteiro, beijou pela última vez uma a uma as pessoas e com profunda humildade se ajoelhou diante do pai para pedir-lhe a bênção e, num gesto compreensível só entre dois santos, o pai também se ajoelhou e pediu a bênção para a última das suas filhas.

Mas o que levou Teresa Martin aos 15 anos a escolher a austeridade do Carmelo? Só o amor. Um amor de doação e de entrega. Nela ardia a chama viva do amor. Ela sabia que tinha recebido de Deus a vida e a ele quis devolvê-la como sinal de sua gratidão.

Teresa percebeu que o Carmelo é um espaço de oração, um deserto que é destinado a florescer e produzir seus frutos. Lançou-se com uma paixão extraordinária na vivência das regras do Carmelo. Assumiu todas as penitências com alegria; quis ser santa e não santa pela metade. Ela escolheu tudo. Escolheu o caminho que a levou a subir a montanha do Carmelo, onde para o justo não tem lei, porque o justo vive de amor.

O Carmelo

Na Igreja, o Carmelo é o símbolo mais forte da contemplação, da oração, da solidão. A palavra evoca a montanha do Carmelo, onde Elias realizou suas façanhas e destruiu a idolatria dos sacerdotes de Balaão. Elias é, ao mesmo tempo, o defensor dos direitos de Deus e dos homens. O profeta que impunha a espada e queimava dentro de um amor apaixonado pelo Senhor. É nesta montanha que surgiram, por volta do ano 1209-1214, os primeiros eremitas que, perto da fonte de Elias, deram vida à Ordem Carmelitana. Várias vicissitudes históricas levaram os carmelitas a abandonar a Palestina e ir para a Europa.

Mas a grande virada da ordem Carmelitana aconteceu no século XVI, quando, em 1562, Teresa de Ávila decidiu iniciar a reforma Carmelitana entre as mulheres e, mais tarde em 1568, entre os homens, com a cooperação indispensável e decisiva de São João da Cruz. Desde então, o Carmelo se apresenta nas suas duas grandes manifestações carismáticas: O Carmelo da antiga observância, simplesmente Carmelo, e o Carmelo Descalço ou Teresiano.

O Carmelo de Lisieux foi fundado pela Irmã Genoveva de Santa Teresa, em 16 de março de 1838. Quando Teresa entrou no Carmelo, celebravam-se os 50 anos de sua fundação.

O Carmelo de Lisieux é uma pérola formada por todos: leigos, sacerdotes, crentes e descrentes. É um ponto referencial para a vida da pequena cidade da Normandia. O visitante, hoje, sente-se profundamente comovido quando entra na pequena Igreja do Carmelo. Os seus olhos logo buscam a urna onde estão os restos mortais de Santa Teresinha e aí se detêm em profunda oração.

Irmã Teresa do Menino Jesus e da Santa Face escreveu de próprio punho na sua cela: "Jesus é o meu único amor". Estas palavras orientaram toda sua vida. Como é grande o amor que Teresa tem para com Jesus, que é o seu tudo e o seu único Diretor Espiritual. A cela carmelitana exerce uma forte atração em todas as almas, principalmente pela sua pobreza.

A Beata Elisabete da Trindade, quando entrou pela primeira vez na cela, ajoelhando-se disse: "Aqui habita a Santíssima Trindade". Anos antes, Teresa tinha dito: "Parecia que me encontrava num deserto, sobretudo a pequena cela me encantava". O que tem numa cela carmelitana? Uma cama, uma pequena bacia, uma jarra, um pequeno banquinho, onde a carmelita escreve, uma caixinha onde guarda um livro que está lendo e só. Isto é o necessário para o dia-a-dia, o indispensável que nos comove.

Entrando no Carmelo, Teresa iniciou a sua vida de postulante.

Postulante

O postulantado é um período de experiência que antecede o Noviciado. O lugar mais freqüentado pelas monjas é o Coro, onde passam uma boa parte do tempo em oração, por volta de 6 horas diárias: missa, liturgia das horas, meditação. A oração se alterna com o trabalho manual e com duas horas de recreio, em que as irmãs podem conversar e alegrar-se por tudo o que o Senhor faz na vida de cada uma. O silêncio carmelitano é constante. É uma atitude de vida estar a escuta do Senhor que fala ao coração dos que se abrem plenamente ao seu amor.

Quando Teresa entrou no Carmelo estavam presentes 27 Religiosas. Algumas entre elas se destacavam pelas qualidades, pela liderança. A maioria vivia no trabalho diário. Não possuíam muita cultura, algumas eram analfabetas e por isso não podiam dedicar-se à leitura dos grandes mestres do Carmelo. Naquele tempo as mulheres, quando muito, estudavam até os 15 anos. No tempo em que Teresa entrou no Carmelo era Priora a Madre Gonzaga, mulher de aristocracia, pouco habituada ao trabalho, dura nos seus sentimentos, exigente e vaidosa. Sem dúvida foi um instrumento indispensável para a santidade de Santa Teresinha. Entre as duas nunca houve grande afinidade espiritual. Durante o tempo do postulantado, irmã Teresinha desempenhou os trabalhos ordinários. É preciso reconhecer que ela não tinha muitas qualidades para os trabalhos manuais. Provinha de uma família de boa condição econômica, na qual nunca tinha trabalhado, mas o esforço e o desejo de aprender transformaram toda sua vida. Limpava o claustro, remendava a roupa, cuidava do jardim. É nesse período que devemos salientar dois acontecimentos importantes: o encontro com o Pe. Pichon e a fuga do seu pai.

Com o Pe. Pichon fez sua confissão geral. Ela estava atormentada pelos escrúpulos e Pe. Pichon pronunciou as famosas palavras que todos nós gostaríamos de ouvir: "Na presença do bom Deus, da Santíssima Virgem e de todos os santos, eu declaro que você nunca cometeu um pecado mortal". E acrescentou: "Agradeça a Deus por tudo o que Ele tem feito por você, porque se Ele a abandonasse, no lugar de ser um anjo, você seria um pequeno demônio".

Teresa acrescentou: "Para mim não é difícil crer nisto". O confessor concluiu: "Minha filha, que Nosso Senhor seja sempre o seu Superior e o seu Mestre de Noviciado".

Um segundo acontecimento é a fuga do pai. Fazia tempo que o Senhor Luiz Martin, o "rei" e pai de Santa Teresinha, não andava bem. Vivia preocupado, angustiado. No dia 23 de junho de 1888 o medo tomava conta dos "Buissonets", Leônia e Celina, ajudadas pela empregada, procuraram por todo lugar o seu pai. Desaparecera. O tio Isidoro foi avisado imediatamente. A notícia correu veloz para o Carmelo. A dor era incomparável. Teresa sofreu tudo em silêncio e na oração. No dia 24 chegou um telegrama de Le-Havre: Luiz Martin pedia dinheiro. Só depois de quatro dias foi possível reencontrá-lo. Esse acontecimento traumatizou a família e deixaria marcas profundas no coração da Irmã Teresa do Menino Jesus. O início do Noviciado foi adiado para o dia 10 de janeiro de 1889.

Um erro providencial

No dia 10 de janeiro tudo estava pronto. Teresa, acompanhada pelo seu "rei", entrou majestosamente na Capela, vestida como uma noiva. O Bispo Dom Hugonin presidiu a celebração e fez uma bela homilia. No momento de cantar o hino do Espírito Santo errou, e entoou o Te Deum, que é um hino de Ação de Graças. Erro abençoado que revelou como Teresa seria uma bênção, não só para o Carmelo, mas para toda a Igreja.

Um dia depois de ter recebido o hábito carmelitano, Teresa assinou pela primeira vez com o seu novo nome: Irmã Teresa do Menino Jesus e da Santa Face. Por que da Santa Face? Porque, antes de entrar no Carmelo, a jovem Teresa tinha se inscrito na confraria da Santa Face, uma devoção muito famosa naquele tempo. Madre Inês sempre tinha insistido nesta devoção.

No coro do Carmelo havia uma lâmpada que sempre brilhava diante de um quadro da Santa Face. Provavelmente essa devoção foi aumentando depois da fuga do pai. É no pai que ela contemplou o rosto sofredor do Servo de Javé.

Foi durante o Noviciado que a jovem noviça veio também a descobrir os grandes autores carmelitanos: Santa Teresa e São João da Cruz. Não foi um ano fácil. Sentiu-se muito provada pela dureza da Madre Priora e sofreu pela situação do seu pai. O único consolo que encontrou foi na oração, a qual também não era fácil, porque sofria de grande sono. No Carmelo, as noites eram demasiadamente breves para uma menina de 16 anos. Ela precisava dormir, descansar e se via obrigada a levantar-se bem cedo. O sono era uma grande dificuldade. Seria necessário abandonar-se e crer no amor de Deus para superar tudo isto: "Os pais gostam das crianças, quer estejam estas acordadas ou dormindo. Deus é meu Pai e sempre gosta de mim..." Problema resolvido! Continuou a dormir e venceu o drama dos escrúpulos que a atormentavam.

Profissão – 8 de setembro de 1890 – 17 anos

E o tempo passou rápido. O que Teresa sonhava era chegar a fazer a profissão religiosa e realizar o seu ideal: tornar-se esposa de Jesus Cristo. A profissão é precedida por 8 dias de retiro. É uma experiência de aridez, de solidão, de sofrimento. Irmã Teresa aceitou tudo com amor e entregou-se ao Senhor. Examinada sobre as motivações de sua entrada no Carmelo, ela respondeu sem mínima dúvida: "Vim para o Carmelo para salvar almas e, sobretudo, para rezar pelos sacerdotes". Teresa sentiu-se feliz por pertencer agora e para sempre a Deus. Jesus é o seu único amor, e ela quis se entregar sem reservas ao serviço missionário pela oração e pelo sacrifício.

Depois da profissão, Irmã Teresa percebeu que o seu amor para com Deus ia aumentando e que era necessário ampliar o seu coração para poder abraçar o mundo inteiro no seu amor. Era preciso abrir novos espaços para a vida interior e não se refugiar no intimismo nem tão pouco se encerrar numa torre, mas, sim, sentir-se mergulhada em todos os problemas do mundo: pecadores, sacerdotes, dimensão missionária, sofredores. Ninguém era excluído do amor de Teresa. No dia 29 de julho de 1894, aos 71 anos, morreu o seu pai. Seria um momento de calvário, mas Teresa não perdeu sua serenidade interior. Ela sabia que tudo o que acontece é graça. Foi nesse período que descobriu a importância da Palavra de Deus. Uma sede de conhecer os mistérios escondidos na Bíblia a faziam vibrar: "É sobretudo o Evangelho que me ocupa nas minhas orações. Nele encontrou tudo o que é necessário para a minha pequena alma. Encontro sempre novas luzes, sentidos escondidos e misteriosos".

20 anos

Nada mais belo do que chegar aos 20 anos e entrar no mundo. Sentir-se adulto, responsável. É olhar o futuro com sonho e esperança. Era o ano de 1893. A comunidade carmelitana de Lisieux deveria celebrar o seu Capítulo para eleger a nova priora. Vivia-se momentos de tensão. Madre Maria de Gonzaga era apegada ao poder, queria mandar e exercia o seu autoritarismo deixando sua comunidade num estresse constante.

A comunidade pensou em mudar de Priora e a escolha caiu sobre a Irmã Inês, irmã de Santa Teresinha. Era muito jovem e sem experiência, mas de bons sentimentos e sempre pronta em servir a comunidade em tudo aquilo que esta necessitava.

A ex-priora foi nomeada mestra das noviças e a Irmã Teresinha seria sua ajudante. Uma tarefa difícil, mas que foi aceita com espírito de amor e gratuidade.

Este foi para Santa Teresinha o período mais fecundo em que, estimulada pelo entusiasmo de sua irmã, começou a produzir peças teatrais para os recreios comunitários; ela própria, Teresa foi escritora, diretora e artista.

Eis os resultados surpreendentes do priorado de Madre Inês, a segunda mãe de Santa Teresinha e um dia a grande propagadora de sua devoção. Teresinha sentia-se à vontade, animada e amada.

Durante o priorado de Madre Inês, Teresinha foi amadurecendo e descobrindo os vários aspectos de sua vocação. Faltavam somente quatro anos para sua morte, mas foram mais ou menos 1500 dias vividos com extrema seriedade e intensidade.

A grande descoberta da pequena via ocorreu no final do ano de 1894 e início de 1895. Uma descoberta comparável à da penicilina, da luz elétrica, do computador. Depois desta descoberta, milhões de pessoas reencontraram a verdadeira paz interior. No caminho da infância espiritual não havia espaço para angústia, escrúpulos ou medo.

No dia 9 de junho de 1895, festa da Santíssima Trindade, fez a sua oferta ao amor misericordioso. Ela queria apresentar-se diante de Deus de mãos vazias, sem nada. É o dom total da sua vida como vítima, holocausto ao amor misericordioso. Foi esta a oferta com a qual Teresa sintetizou a sua doutrina espiritual. Foi, ao mesmo tempo, o ano em que escreveu o Manuscrito A.

Páscoa de 1896, grande noite da fé. Tudo era escuridão, medo e provação. Tinha de caminhar na fé e disse para todos: "A fé não é o que sinto, mas o que quero crer".

Setembro de 1896, a pedido de sua irmã, escreveu o Manuscrito B. Uma carta breve, mas que traz o conteúdo mais belo da doutrina teresiana. É nesta carta que Teresa cantou a beleza da sua vocação, que é o amor: "Na Igreja, minha mãe, serei o amor".

1897 — a descoberta da caridade fraterna, a maneira de amar no Carmelo. Teresinha escreveu o Manuscrito C, dedicado à Priora Madre Maria de Gonzaga.

A descoberta da pequena via

Santa Teresinha foi a inventora da "pequena via da infância espiritual". Parece coisa fácil, simples. Tudo é óbvio, quando é descoberto, mas tudo é difícil quando ninguém ainda teve a idéia luminosa de inventar alguma coisa. Quem diz que foi complicado inventar o telefone, o rádio, a panela de pressão, o carro, o palito para dente, o pente... mas foi necessário que alguém tivesse a iniciativa. Assim, a pequena via de Santa Teresinha não é nenhuma novidade, tudo está na Bíblia, como tesouro escondido. Ela o descobriu e o apresentou como dom à humanidade. No finalzinho de 1894, Irmã Teresinha adoeceu de uma dor de garganta persistente, o prenúncio da tuberculose. Nas suas leituras encontra-se com os grandes santos do Carmelo: Teresa de Jesus, João da Cruz. Sentiu em seu coração uma grande admiração e um grande medo. Não pôde ser santa como eles, não tinha capacidade e força. Então, o que fazer? Esta dúvida a perseguiu por vários meses. Com S. João da Cruz, ela aprendeu que Deus não pode inspirar desejos irrealizáveis. Portanto, se ela queria ser santa, isto era possível. Na viagem à Itália tinha visto pela primeira vez o elevador. Aí lhe veio a idéia: procurarei o meu elevador para chegar até Deus. O seu elevador foram os braços de Jesus que a levantaram, sem esforço, até o Pai.

Celina, entrando no Carmelo, tinha trazido uma série de pensamentos do Antigo Testamento. Um pensamento do livro dos Provérbios foi como a centelha que acende um grande fogo: "Se alguém é totalmente pequeno venha a mim". (Pr 9,4) ou do Profeta Isaias, texto 66,12-13. Eis a descoberta da pequena via.

Une petite voie, bien droite, bien courte, toute nouvelle

ou

Uma pequena via, totalmente reta, bem curta e totalmente nova.

"Sabeis, Madre, que sempre desejei ser santa, mas ai! Sempre constatei, quando me comparei com os santos, haver entre eles e mim a mesma diferença que existe entre uma montanha cujos cimos se perdem nos céus e o obscuro grão de areia pisado pelos transeuntes. Em vez de desanimar disse para mim mesma: Deus não poderia inspirar desejos irrealizáveis, portanto posso, apesar da minha pequenez, aspirar à santidade; não consigo crescer, devo suportar-me como sou, com todas as minhas imperfeições; mas quero encontrar o meio de ir para o Céu por uma via muito direta, muito curta, uma pequena via, totalmente nova. Estamos num século de invenções. Agora, não é mais preciso subir os degraus de uma escada, nas casas dos ricos um elevador a substitui com vantagens. Eu também gostaria de encontrar um elevador para elevar-me até Jesus, pois sou pequena demais para subir a íngreme escada da per-

feição. Procurei então, na Sagrada Escritura, a indicação do elevador, objeto de meu desejo, e ali encontrei estas palavras da eterna Sabedoria: Quem for pequenino, venha cá; ao que falta entendimento, vou falar. Vim, então, adivinhando ter encontrado o que procurava e querendo saber, ó Deus, o que faríeis ao pequenino que respondesse a vosso apelo, continuei minhas pesquisas e eis o que achei: Assim como a mãe acaricia seu filho, eu consolar-vos-ei, levar-vos-ei ao meu peito e acalentar-vos-ei sobre meus joelhos! Ah! Nunca palavras mais suaves, mais melodiosas, vieram alegrar minha alma. O elevador que deve elevar-me até o Céu são vossos braços, ó Jesus! Para isso, eu não preciso crescer, pelo contrário, preciso permanecer pequena, que o venha a ser sempre mais."

Depois desta descoberta, Teresa correu, voou nos caminhos da santidade. Nada poderia detê-la. Ela sabia que Deus a amava e nada era impossível para Ele.

Uma brincadeira que deu certo

Nunca devemos esquecer que Santa Teresinha amava a vida, gostava de viver e, por ela, nunca teria morrido. No entanto, a morte não envia aviso prévio. A doença chega quando menos a esperamos. A vida desta jovem mulher nos surpreende pela docilidade e pela rebeldia. Ela soube resistir, mas depois entregou-se totalmente à ação do Espírito Santo e das mediações humanas. O seu gênio forte, corajoso e decidido não lhe permitiu dizer sempre sim imediatamente. Relutava mas acabava, como o jovem do Evangelho, transformando o seu não em sim.

Era uma tarde fria do inverno de 1894-1895. As irmãs Martin estavam conversando sobre as coisas mais variadas da família. De repente, sua madrinha, dirigindo-se a Priora Madre Inês, disse: "É possível que a senhora deixe Teresinha compor poesias para uma ou outra monja e não lhe diga para escrever as lembranças de nossa família. Ela é um anjo que não irá permanecer muito tempo na terra e nós perderemos todos estes detalhes tão maravilhosos". A Madre Priora ficou perplexa. Teresa riu com gosto, mas, ao final, a Madre Priora disse-lhe que escrevesse as suas lembranças. Teresa, como sempre, silenciosa e humilde, aceitou esta tarefa. No final de janeiro de 1895 começou a escrever a "história primaveril de uma florzinha branca".

Um ano depois, janeiro de 1896, entregou feliz para a sua irmã, Priora Madre Inês, o caderno amarelo, o qual seria conhecido como o "Manuscrito A"

"História de uma Alma" é uma autobiografia diferente, especial. Teresa não contou tintim por tintim tudo o que foi acontecendo, mas fez uma leitura de sua vida frisando os acontecimentos mais importantes e que lhe falavam forte de Deus. É uma "flor" que conta sua história de deserto, de florescência, de aridez, de maturidade e de frutos.

A "História de uma Alma" é um livro delicioso, é preciso descobri-lo. Na primeira leitura pode parecer um livro infantil e até "bobinho". É o que aconteceu comigo.

Meu primeiro encontro com "História de uma Alma" foi desastroso. Não consegui terminar. Porém, lentamente, fui me apaixonando pelo livro e por sua autora. Hoje é o meu livro de cabeceira. Dele sei muitas passagens de cor. É poético, sonhador, idealista. É o "Pequeno Príncipe" escrito por uma menina de 15 anos que queria viver em um outro planeta, o céu, e transformar este planeta, a Terra, num paraíso.

"História de uma Alma" é, na espiritualidade, um livro de ouro. É o "Pequeno Príncipe" da literatura espiritual. Dificilmente será superado por algum outro. Diante desse livro, os teólogos, os cientistas e as pessoas simples sentem-se invadidos por uma alegria imensa e maravilhados em contemplar como uma menina de 24 anos teve a ousadia de chegar tão longe nas vias do Espírito.

Uma noite escura

Teresa do Menino Jesus foi mimada por Deus. Como Jesus, aprendeu a obediência por meio do sofrimento. O saber obedecer não é outra coisa que saber escutar e colocar em prática. Toda escuta nasce no amor e leva ao amor. Passar através da noite para poder experimentar a alegria da madrugada. A noite não é uma situação permanente, é passageira. João da Cruz é o primeiro sistematizador e cantor da noite escura que a alma deve atravessar para poder ser introduzido na terra prometida e na plenitude do amor. No cárcere de Toledo, onde o místico espanhol permaneceu por oito meses, soube aguçar a força de sua visão interior. Sabia enxergar na noite, sabia ver longe.

> "Em uma noite escura,
> De amor em vivas ânsias inflamada,
> Oh! Ditosa ventura!
> Saí sem ser notada,
> Já minha casa estando sossegada."

Teresa do Menino Jesus também entra na noite. Vive a noite. Canta a noite.

O dia 5 de abril de 1896 foi uma data fundamental na vida de Teresinha. Era a Semana Santa. Irmã Teresa queria vivê-la com intensidade. Queria dedicar-se totalmente a contemplar o amor de Jesus que caminha elegante, forte e corajoso rumo à morte. Ela sabia que sua saúde não era boa. Sentia-se fraca. Mas não queria pedir nenhuma licença nem mordomias para sua vida de carmelita. No Carmelo aconteceu uma grande mudança: a eleição da nova Priora. Seria a Madre Maria de Gonzaga? Uma monja cheia de qualidades, mas também com bastante defeitos. Qualquer coisa a melindrava, tinha medo que os outros ocupassem o seu cargo ou prejudicassem a sua autoridade. Desejosa de ser superiora e triste quando não era eleita. "Sem dúvida, uma pessoa complicada." Teresa do Menino Jesus sentia que iria sofrer, mas estava totalmente aberta à graça de Deus e aceitou a nova Madre Priora com grande espírito de generosidade.

A Madre Priora queria dominar em todos os sentidos. Precisava de pessoas que fossem, obedientes, pacientes... Necessitava de muitas Teresinhas. Teresa foi nomeada vice-mestra das noviças. Um cargo importantíssimo, mas na verdade quem era Mestra das noviças era a Priora, porém Teresa seria capaz, com sua arte e diplomacia, de educar e formar os "cordeirinhos", assim chamava as noviças.

Deus a esperava no caminho da cruz para purificá-la e torná-la uma chama viva de amor que iria iluminar tantas noites escuras de milhões de almas.

Quinta-feira santa, já era tarde. Irmã Teresa se recolheu na sua cela. Demorou para dormir. Uma noite agitada, muita tosse. De manhã, ao levantar, teve uma surpresa agradável e triste. O seu lenço estava cheio de sangue.

Era hemoptise. A tuberculose fazia o seu curso. A morte se aproximava. De um lado, Teresa sentia-se feliz, porque o encontro com Cristo, seu esposo, estava chegando, de outro, uma grande tristeza, pois ela amava a vida. Queria viver e cantar as misericórdias do Senhor.

Depois da palestra da Madre Gonzaga sobre a caridade fraterna, Irmã Teresa revelou à Priora o que lhe estava acontecendo e fez um pedido: "Madre, não quero ser dispensada de nenhum ato de comunidade, quero sofrer por Jesus, quero ser missionária pela oração e pelo sacrifício". A nova hemoptise preocupou a Madre Priora, que permitiu que o Dr. Néele, parente da família Martin, a visitasse. Uma consulta sumária, rápida, revelou que a doença mortal estava fazendo o seu caminho destruidor no organismo frágil de Irmã Teresinha.

18 meses de noite e deserto

Deus prova os que ama. Como os grãos de uva que são colocados no lagar e pisados para que possam produzir vinho bom. O melhor vinho que é o próprio Cristo Jesus. Para nós é sempre difícil entender o drama da dor. É difícil crer que o amor seja sofrimento e como é possível que Deus-Amor permita que os seus melhores amigos passem por noites e desertos que beiram o desespero.

Era o dia 5 de abril de 1896. Era Páscoa. Era Luz, ressurreição. Foi nesse dia que Teresa entrou na mais dura noite escura. Entrou no túnel onde não viu mais nada, não sentiu mais nada. Caminhou pela força da fé. Vale a pena transcrever esta página de "História de uma Alma", para que todos os que passarem pelas noites escuras da fé, da esperança e do amor possam encontrar nestas palavras consolo, conforto e especialmente coragem para não desanimar.

"Gozava então de uma fé tão viva, tão clara que o pensamento do Céu era toda a minha felicidade, não podia crer na existência de ímpios desprovidos de fé. Acreditava que falavam contra o próprio pensamento ao negar a existência do Céu, do belo Céu onde o próprio Deus quer ser a recompensa eterna. Nos dias tão alegres do tempo pascal, Jesus fez-me sentir haver almas sem fé que, por abuso das

graças, perdem esse precioso tesouro, fonte das únicas alegrias puras e verdadeiras. Permitiu que minha alma fosse invadida pelas mais densas trevas e que a idéia do Céu, tão suave para mim, não passasse de tema de combate e tortura... Essa provação não devia durar apenas alguns dias, algumas semanas, só devia desaparecer na hora marcada por Deus e... essa hora não chegou ainda... Gostaria de poder expressar o que sinto, mas creio ser impossível. É preciso ter andado por esse túnel escuro para compreender a escuridão".

Foram 18 meses até a sua morte. Um período que nos apavora, mas que é, ao mesmo tempo, clareado por muita luz e vida. Foi nesse período que a carmelita de Lisieux aprendeu a se sentar "à mesa dos pecadores" e compreendeu que é possível que existam pessoas sem fé.

Nestes últimos tempos aconteceram tantas coisas... recebeu, como segundo irmão, o missionário Pe. Adolfo Rolland, das missões estrangeiras de Paris, que seria depois enviado para a China.

Uma grande decepção

Os impostores sempre existiram e sempre existirão. Visionários, pessoas que se aproveitam da boa fé dos simples. Nos tempos de Santa Teresinha apareceu uma certa Diana Vaughan, criação do Maçom Léo Taxil.

Quem era Léo Taxil?

Vamos transcrever o que diz o Pe. Pedro Teixeira Cavalcante no seu dicionário Teresiano.

Gabriel Jogan Pagés tornou-se conhecido pelo nome de Léo Taxil.

Filho de Carlos Jogand e Josefina Pagés, nasceu em Marselha, aos 21 de março de 1854. Mesmo educado em colégios católicos, aos quatorze anos conhece a franco-maçonaria e, a partir de então, começa a sua derrocada. Quando jovem, ficou famoso pelas suas imposturas. Vivendo uma vida cheia de falta de personalidade, revoltado contra o pai, terminou passando oito anos na prisão por causa de vários delitos.

Praticando o mal por onde andou, deixou má forma, quer no jornalismo, quer na vida política, quer na franco-maçonaria.

Acompanhado de péssimas companhias, especializou-se em uma baixa literatura anticlerical, simulando uma conversão ao catolicismo durante doze anos. Durante esse tempo, criou a personagem Diana Vaughan,, maçom que se dizia também convertida. Seus escritos dessa época atraíram um público fantástico, do qual ele mesmo zombará posteriormente.

Quem era Diana Vaughan?

Figura de mulher imaginária, criada por Léo Taxil que, depois de uma vida consagrada a Lúcifer e de ter sido esposa de Asmodeu, teria se convertido, mediante Santa Joana D'Arc, e começado a escrever não somente sobre si mesma, mas também sobre o Paladismo, seita maçônica e satânica.

A suposta conversão e os escritos de Diana Vaughan tiveram muito sucesso na França católica, a ponto de comover o próprio Carmelo de Lisieux.

No dia 19 de abril de 1897, na presença de mais de 400 pessoas, numa grande sala de Paris, tendo ao fundo uma fotografia ampliada de Teresinha vestida de Joana D'Arc, apresentou-se Diana Vaughan, que era na verdade, um ancião maçom e anticlerical: Léo Taxil, que confessou a sua mistificação.

Uma vez que esta notícia chegou ao Carmelo, produziu um forte choque na comunidade e especialmente na alma de Santa Teresinha, que imediatamente rasgou uma carta que tinha recebido da famosa Diana. Léo Taxil tornou-se mais um "pecador" para quem ela rezava e o ofereceu a Deus. Uma coisa era certa: Léo Taxil, sem saber, tinha apresentado para centenas de pessoas a fotografia daquela que seria a maior santa dos tempos modernos.

O segredo de Teresa

Quem de nós não tem segredos? Segredos grandes ou pequenos. Existe dentro de nós um grande desejo de conhecer o segredo dos outros, segredos de longevidade, de juventude, de saúde, de oração...

Era o mês de setembro de 1897. Teresa fazia um retiro pessoal, como se costumava no Carmelo. No dia 7 de setembro, Irmã Teresa iniciou o seu retiro pessoal, que durou até o dia 18. Antes de entrar no retiro, Irmã Genoveva do Sagrado Coração lhe pediu para que fizesse uma síntese de sua doutrina, a pequena via. Aproveitando o retiro e com a licença da Priora, Teresinha fez uma síntese que resultou no Manuscrito B, o segundo caderno da "História de uma Alma".

Esta carta seria o coração de toda espiritualidade de Santa Teresinha, a descoberta de sua grande vocação. "Na Igreja, minha mãe, serei o amor." No coração ardente de Teresa estavam presentes todas as vocações: guerreiro, profeta, doutor, sacerdote...

Nos capítulos XII e XIII da primeira carta de São Paulo aos Coríntios, Teresa foi descobrindo todas as vocações.

"Enfim tinha encontrado repouso... Considerando o Corpo Místico da Igreja, não me reconheci em nenhum dos

membros descritos por São Paulo, melhor, queria reconhecer-me em todos... A Caridade deu-me a chave da minha vocação. Compreendi que se a Igreja tem um corpo, composto de diversos membros, o mais necessário, o mais nobre de todos não lhe falta. Compreendi que a Igreja tem um coração e que esse coração arde de amor. Compreendi que só o Amor leva os membros da Igreja a agir: que, se o Amor viesse a extinguir-se, os Apóstolos não anunciariam mais o Evangelho, os mártires se negariam a derramar o sangue... Compreendi que o Amor abrangia todas as vocações, que o Amor era tudo, que abrangia todos os tempos e todos os lugares... numa palavra, que ele é Eterno!...

Então, na minha alegria delirante, exclamei: Ó Jesus, meu Amor... enfim encontrei minha vocação, é o Amor!...

Sim, achei meu lugar na Igreja, e esse lugar, meu Deus, fostes vós que o destes para mim... no Coração da Igreja, minha Mãe, serei o Amor... serei tudo, portanto... desta forma, meu sonho será realizado!!!..."

Assim Teresa apresentou a força de sua vocação. Sentia-se pobre, pequena, mas ousada e corajosa. Sentia-se como um passarinho implume, não podia voar, mas tinha olhos de águia para fitar o Sol Divino. A fraqueza não provocou medo no coração da missionária Teresa do Menino Jesus, ela sabia que nas asas do amor não corria, mas voava.

Amém

A resposta da fé mais curta que conhecemos é o Amém. Uma palavra hebraica intraduzível que quer dizer: assim seja. Um dos apelidos que Irmã Teresa recebera de algumas das irmãs era "Irmã Assim Seja". A doença se manifestou na vida de Santa Teresinha no ano de 1894, mas parece que ninguém tomou consciência da gravidade. Pensava-se que ela pudesse partir para uma fundação na China, que ela pudesse assumir novos cargos, trabalhar. A tuberculose avançava terrivelmente, atacava a já frágil saúde da menina dos olhos de algumas Irmãs e fumaça para os olhos de outras. Viver é conviver com os santos é sempre muito difícil, a vida deles perturba-nos e angustia-nos, chama-nos atenção na nossa mediocridade. "Cantando morrerei nos campos de batalha com as armas nas mãos."

Na quaresma de 1897, Irmã Teresa queria levar à frente sua vida, corajosamente, vivendo com amor e intensidade a sua regra carmelitana, mas os sinais da doença apareceram no seu rosto inchado, cheio de compaixão. Era a imagem do cordeiro manso levado para o matadouro. Mal conseguia levantar-se e ficar de pé. Passava bastante tempo na cadeira, olhando para as Irmãs que iam e vinham da roça. Ela escreveu, com muita dor, nos seus cadernos amarelados. Eram poesias, bilhetes rápidos para as Irmãs e, especialmente, dedicou-se com pressa na última parte da "História de uma Alma".

Pode ser que Irmã Inês seja a única que tenha intuído profundamente a grandeza interior da sua pequena irmã. De abril em diante foi a fiel, discreta e silenciosa secretária, escrevendo as palavras que Irmã Teresa ia pronunciando. Aliás, provocou respostas que manifestaram toda a riqueza escondida neste coração cheio de Deus e amadurecido pelo sofrimento.

"Se vocês me encontrarem morta numa manhã, não tendes compaixão. Quer dizer que o Pai, o bom Deus veio, simplesmente, procurar-me. É sem dúvida uma grande graça receber os sacramentos, mas quando o bom Deus não o permite, é bom também, tudo é graça."

Na vida de Santa Teresinha tudo foi graça e graça abundante.

Viveu numa atitude de abertura plena ao mistério do amor. Ela não queria morrer, queria viver muitos anos, mas soube, como Jesus, dizer o seu sim à chegada da morte. Nos momentos mais duros, ela não se envergonhava em dizer: "Se esta é a agonia, o que será a morte?"

Depois de ter recebido os Sacramentos, de ter oferecido a sua vida pelo ex-carmelita descalço, Giacinto Loyson, que tinha abandonado a Igreja, apagou-se lentamente, como tinha vivido na pequena enfermaria do mosteiro.

As suas últimas palavras são um testamento e uma herança: "MON DIEU, je vous aime" — "Meu Deus, eu vos amo": Teresa tinha 24 anos e nove meses.

As suas últimas palavras são um testamento e uma herança: "MON DIEU, jevous aime" — "Meu Deus, eu vos amo." Teresa tinha 24 anos e nove meses.

Foi enterrada no cemitério de Lisieux. Há uma pequena cruz na tumba, na qual está escrito: Irmã Teresa do Menino Jesus e da Santa Face.

1873 — 1897

"Do céu farei cair sobre a terra uma chuva de rosas."

Teresa, conta-nos o teu segredo

A vida de Santa Teresinha foi rápida, apressada. Ela mesma tinha pressa de fazer tudo com rapidez e bem para ser mais útil à Igreja e à humanidade. Também depois da morte ela tinha pressa de ser glorificada pela Igreja e ser apresentada ao mundo como a "maior santa" dos tempos modernos. Mais o tempo vai passando e mais a espiritualidade da pequena Teresa vai penetrando no coração de tantas pessoas. Ela é a irmã de caminhada que, silenciosamente, delicadamente, como o perfume de uma rosa, ensina-nos o caminho que devemos seguir para sermos mais felizes.

O abandono, a confiança e a certeza do amor misericordioso de Deus Pai são os grandes temas, não só da "História de uma Alma", mas de todos os escritos teresianos.

Um dia ela disse para suas noviças, referindo-se ao caminho da Infância Espiritual: "Acreditais em mim, o meu caminho é seguro, segui-o fielmente". Crer no amor de Deus e sentir o amor de Deus não quer dizer não ter cruzes e sofrimentos, mas saber que é mediante a cruz que o nosso amor é consagrado.

O segredo da bíblia

Teresa nunca teve nas mãos uma Bíblia completa e totalmente à sua disposição, mas tinha um grande amor pela Palavra de Deus. Gostaria de ter estudado grego e aramaico, a fim de poder ler a Bíblia nos textos originais. Amava tanto o Evangelho que o trazia no bolso do hábito, no lado do coração, para poder sentir mais perto de si a presença de Jesus e de sua Palavra. Ao longo dos seus escritos, citou mais de mil vezes a Bíblia. Isso mostra a familiaridade que ela tinha com os textos sagrados.

Aos 22 anos, descobriu os dois textos bíblicos por excelência que nortearam toda a sua espiritualidade e fizeram nascer a Pequena Via: os capítulos 12 e 13 da Primeira Carta de São Paulo aos Coríntios foi o poço onde ela bebeu a força para viver a sua vocação que é o amor.

O segredo das pequenas coisas

Não há dúvida, todos nós o sabemos até cansar: o mundo de hoje é o das pequenas coisas. O desejo de tudo o que é grande e que chama atenção invade toda a nossa vida. No entanto, bem dentro de nosso coração, somos seduzidos pelas coisas pequenas, simples, pela natureza, pelo canto dos passarinhos. Teresa nos oferece o caminho do "heroísmo" das pequenas coisas, fazer tudo por gratuidade e por amor.

Teresa quer permanecer pequena. Ela é consciente de que quem faz maravilhas, dentro e fora de nós, é o

Senhor. Nós somos simples instrumentos e criaturas que devem deixar-se amar. O cristão deve tudo esperar de Deus, como a criança pequenina espera tudo dos seus pais.

Salmo 130

Senhor, meu coração não é pretensioso,
nem meus olhos são altivos.
Não aspiro a grandezas
nem a proezas acima de meu alcance.
Antes modero e tranqüilizo a minha alma;
como a criança saciada, no colo da mãe,
assim tenho a alma dentro de mim,
como criança saciada.
Espere Israel pelo Senhor
agora e sempre!

Teresa, sentindo-se pequena e não podendo fazer grandes penitências, escolheu o caminho das coisas pequenas, que exigem silêncio, sofrimento, ascese. Todos somos chamados à santidade, isto porque Deus não pode colocar no coração de alguém desejos irrealizáveis.

Teresa, com sua maneira de ser e de agir, abriu novos caminhos para a humanidade. Ela é a Irmã universal, amada por todos.

O segredo da oração

São tantos os segredos que Santa Teresinha nos oferece que não podemos nos deter em todos, mas gostaríamos de colocar bem em evidência o da oração. Ninguém duvida da importância da oração na vida das pessoas e da Igreja. Mas devemos reconhecer que, no dia-a-dia nem sempre rezamos o suficiente. Deixamo-nos tomar pelo trabalho, pelas dificuldades, pelos afazeres e a oração fica em segundo plano.

Teresa do Menino Jesus soube transformar-se em oração. Uma das mais belas definições de oração nos é dada, sem dúvida, por Santa Teresinha: "Para mim a oração é o elã do coração, é um simples olhar lançado para o céu, é um grito de reconhecimento e de amor em meio a provação, como também em meio da alegria, é, enfim, algo de grande, de sobrenatural que me dilata a alma e me une a Jesus".

A oração e o sacrifício são dois elementos inseparáveis na vida de Santa Teresinha: "É a oração e o sacrifício que fazem toda a minha força; são armas invencíveis que Jesus me deu. Eles podem muito mais que as palavras para tocar as almas, já fiz esta experiência muitas vezes".

O poder de oração é comparado, por Santa Teresinha, a uma "rainha" que tudo pode no coração do rei.

O segredo da oração que Teresa nos apresenta é simples: o amor e a confiança.

No coração de Teresa todas as intenções encontram lugar privilegiado: a Igreja, os pecadores, os missionários, os pobres. Ninguém no amor se sente excluído.

O segredo de Maria e de Jesus

Teresa do Menino Jesus ama muito Maria. Sente-a ao seu lado como uma mãe, uma mestra, como aquela que a protege diante de todas as dificuldades da vida.

Quando Teresa tinha 10 anos, no dia 13 de maio de 1883, a Virgem Santa, com seu sorriso, curou Teresa de uma grave e incompreensível enfermidade.

O sorriso da Virgem marcou para sempre a vida de Santa Teresinha. Ela o guardou como o "maior segredo de sua vida" e sentia-se quase violada na sua intimidade quando as monjas e outras pessoas, com uma certa curiosidade, queriam saber como era o seu sorriso, como era a cor do vestido. Teresa relembrou mais tarde o sorriso da Virgem: "Tu que me sorriste na alvorada da minha vida vem e continua a sorrir... Mãe... a noite está descendo..."

A presença de Maria na vida da pequena Teresa é doce, terna, é a mão de Mãe que a acompanha e conduz até Jesus. A Virgem Santa não nos afasta de Deus, mas d'Ele nos aproxima. Nós podemos experimentar a alegria de chamar Deus de Pai e Maria de Mãe. Todos os sentimentos do coração sofrido encontram plena acolhida no coração de Maria, que experimentou a dor de ver o seu Filho marginalizado, excluído e morto pelo único crime de ter feito o bem.

Maria é para Teresa aquela que percorreu antes de todos a pequena via da infância espiritual. Nazaré é simples, pobre, nada de extraordinário. A vida de Maria não atrai ninguém a não ser aos olhos de Deus que busca um coração simples e transparente capaz de ser morada pela Encarnação do seu Filho. No silêncio e na cotidianidade de Nazaré, Maria vai aprendendo a escutar a voz do senhor nas pequenas coisas de cada dia. Nada de visões, ou de dons extraordinários. Nada de privilégios. Os olhos da pequena Teresa se encantam em contemplar a Virgem Santa.

> "Eu bem sei que em Nazaré, Tu, Maria, cheia de graça,
> na pobreza vives, sem nada pretender;
> nem visões ou milagres, nem arrombamentos
> fazem bela a tua vida...
> pelo caminho comum Tu nos conduzes ao Céu."

O segredo da Igreja

Não é difícil provar o grande amor que ardia no coração de Santa Teresinha pela Igreja. Ela viveu pela Igreja e silenciosamente se imolou para que a Igreja pudesse estender cada vez mais a sua presença em todos os lugares do mundo. Os escritos da monja de Lisieux estão repletos desse amor e isto nos impressiona e nos faz refletir no limiar do III Milênio. A vida contemplativa não aliena homens e mulheres dos problemas eclesiais e sociais em que a humanidade encontra-se a lutar no dia-a-dia. O contemplativo é alguém que entende, que pode ser mais útil para a humanidade retirando-se à margem da vida barulhenta para ser um holocausto de amor silencioso que só é visto por Deus. O amor não busca propaganda; ele se esconde e, desde o seu escondimento, é capaz de fermentar e fazer viver os corações mais duros e insensíveis. Para Teresa, a Igreja é tudo e ela é toda para a Igreja. Antes de morrer, Teresa entregou à sua Madre Priora o seu testamento espiritual. Poucas palavras, mas que dizem tudo. Sentimo-nos comovido pela força austera e simples de sua linguagem: "Eu não tenho nada para mim. Tudo o que tenho, tudo o que ganhei é pela Igreja e pelas almas. Mesmo que vivesse até 80 anos, serei sempre assim, pobre".

É o testamento de Teresa que deixa tudo e ao mesmo tempo não deixa nada. É o amor o seu segredo. O zelo de uma carmelita deve abraçar o mundo. No Carmelo encontrou mais possibilidade de rezar pelos sacerdotes e se oferecer como oferta de amor ao Amor Misericordioso por todos os pecadores.

O Manuscrito B é sem dúvida a porta de entrada para compreender o grande amor pela Igreja que agita o coração de Teresa do Menino Jesus. Ela olha e contempla o mundo inteiro, que, na sua ousadia, parece pequeno para exercer o seu apostolado: "Sim, achei meu lugar na Igreja, e esse lugar, meu Deus, foste vós que me deste para mim... no Coração da Igreja, minha Mãe, serei o amor... serei tudo portanto... desta forma, meu sonho será realizado!!!"

O nosso amor pela Igreja não pode ser estático de distantes observadores que estão vendo o que vai acontecer, mas de pessoas apaixonadas que se lançam com toda força e entusiasmo no serviço da Igreja, sem medo e receios. Ser Igreja é ocupar o nosso lugar, realizar o nosso apostolado, sabendo que não tem espaço para quem não entra na luta para dilatar o Reino de Deus. É preciso viver com fé o mistério da Igreja. Teresa, no fim de sua vida, teve a alegria de poder dizer: "Não me arrependo de ser oferecida inteiramente ao Amor. Oh!, não me arrependo".

Amar a Deus e fazê-lo amado é a missão que Teresa realizou na Terra e continua a realizar no céu. É o testamento que ela nos deixa e, colocando-o em prática, também nós seremos felizes como ela.

Teresa hoje e amanhã

Mais cedo ou mais tarde Santa Teresinha do Menino Jesus será proclamada Doutora da Igreja. Os teólogos, os Bispos, o Papa; o mundo católico, todos vão reconhecer publicamente que a menina "cabeçuda" que quis entrar aos 15 anos no Carmelo, desafiando as leis, que entrou na vida carmelitana para rezar pelos pecadores e pelos sacerdotes, assumindo a sua vocação de ser "o amor da Mãe Igreja", com sua vida e doutrina revolucionou a Teologia e o mesmo modo de pensar da Igreja. Todos somos devedores de uma forma ou de outra. A "História de uma Alma", que não é outra coisa que uma autobiografia teológica, mística, da experiência do Amor Misericordioso de Deus Pai. Teresa tem plena consciência da própria missão: ser missionária, ser apóstola, ser profeta, sacerdote. O coração de Teresa é maior do que o mundo, os seus desejos beiram o delírio e a fantasia, sua vontade inquebrantável de servir e amar a Deus e torná-lo amado lhe faz superar todas as dificuldades.

É orgulho desejar ser os maiores missionários e santos de todos os tempos, sonhar com projetos maiores do que as nossas forças? Não é orgulho, pois tudo isto em Teresa se alicerça não nas suas próprias forças, mas no poder de Deus, não há nela sede de se autoprojetar, ela quer ser e permanecer pequena. Não há nada que a leve a ser vedete. Quer ser fermento, sal e água fecunda nos corações às vezes endurecidos pelo egoísmo.

Teresa, incompreendida num primeiro momento, tornou-se para tantas pessoas luz e amiga de caminhada. É difícil dizer quantas vocações sacerdotais e religiosas tem suscitado com sua espiritualidade. Quantos santos têm bebido a sua doutrina e têm proclamado a beleza da infância espiritual na própria vida de cada dia. De sua fonte bebeu S. Maximiliano Kolbe, S. Rafael Kalinoski, Santa Teresa de los Andes, a Teresinha da América Latina... um número sem conta de beatos e beatas que encontraram nos escritos da pequena Teresa a coragem para percorrer os caminhos da santidade: Elisabeth da Trindade, Charles de Foucauld... souberam beber a nascente mas borbulhante de uma espiritualidade feita de amor e de entrega total ao Senhor e aos irmãos.

Teresa do Menino Jesus tem inspirado fundadores e fundadoras de congregações religiosas mais do que todos os santos do passado. Ela, em cuja cabeça nunca passou a idéia de fundar uma congregação, é continuamente escolhida como modelo de vida consagrada.

Uma santa jovem para os jovens. Uma santa leiga para os leigos, uma consagrada pelos consagrados. Cada um, seja qual for sua situação, encontra na doutrina de Santa Teresinha uma mensagem para sua vida. A espiritualidade de Santa Teresinha ainda não está totalmente descoberta, estamos no início. Acredito que o III Milênio nos oferecerá surpresas. A era dos computadores não satisfaz o nosso coração, quem sabe somos terrivelmente auto-suficientes e cheios de ser; o nosso orgulho como uma nova torre de babel tenta desafiar o céu. Teresa vem relembrar-nos numa maneira nova e decidida as palavras de Jesus "É preciso tornar-se crianças para entrar no reino do céu".

Um Reino despojado de poder, de força, onde só existe a cidadania do amor, onde só são admitidos os que, como Teresinha, sabem caminhar na frente do rei e desfolhar rosas, lançando suas pétalas.

Teresa, com sua simplicidade, inspira escritores de todas as tendências e de diferentes matizes religiosos: os místicos, os orantes, os espirituais sentem-se à vontade com Santa Teresinha do Menino Jesus e da Santa Face; os filósofos, os teólogos percebem na pequena Teresa uma teologia viva e uma filosofia de vida encantadora; os ateus e descrentes não sofrem nenhum constrangimento em ler e proclamar-se admiradores desta jovem que surpeendeu o mundo com sua maneira de ser descontraída e sonhadora.

Teresa é uma janela aberta no mundo e na Igreja, cada um vê o panorama que mais lhe agrada segundo o ângulo em que se coloca.

Ao final, ninguém tem medo de uma menina travessa, mas consciente de suas responsabilidades, que tem um ideal e por ele luta até o alcançar.

O que podemos desejar é aprender na escola de Teresa a ser menos complicados no nosso dia-a-dia e acreditar que Deus-Amor é um bom Pai, de braços abertos, sempre pronto para receber-nos e amar-nos. Para quem nunca experimentou o abraço de Deus é bem difícil explicar o que é, mas tem sempre uma possibilidade: deixar-se amar e conduzir por Deus onde Ele quer e não ir aonde nós queremos: *"Mesmo que eu tivesse na consciência todos os pecados que se possa cometer, iria com o coração dilacerado pelo arrependimento lançar-me nos braços de Jesus, pois sei quanto gosta do filho pródigo que volta para Ele. Não é porque Deus, na sua obsequiosa misericórdia, preservou minha alma do pecado mortal que me elevo para Ele pela confiança e pelo amor."*

Assim pensava
Santa Teresinha

"Jesus compraz em apontar-me o único caminho que conduz a essa fornalha divina, isto é, o abandono da criancinha que adormece sem temor nos braços de seu pai..."

"Que importa ao caniçozinho dobrar-se? Não tem medo de quebrar, pois foi plantado à beira d'água. Em vez de tocar o chão quando verga, encontra uma onda salutar que o fortifica e lhe suscita o desejo que nova tempestade venha passar sobre sua frágil cabeça. É sua fraqueza que constitui toda a sua confiança."

"Agora não tenho mais nenhum desejo a não ser o de amar a Jesus até a loucura..."

"Eu não sou sempre fiel, mas não desanimo nunca, abandono-me nos braços de Jesus."

"Amar! Nosso coração é feito para isso!..."

"Como é fácil agradar a Jesus, encantar o seu Coração! Basta amá-lo sem nos determos a olhar para nós mesmos, a examinar demasiado os nossos defeitos..."

"Mas, acima de tudo, é o Evangelho que me entretém em minhas orações. Nele encontro tudo quanto minha po-

bre almazinha necessita. Nele encontro sempre novas luzes, sentidos ocultos e misteriosos..."

"A perfeição consiste em fazer a Sua Vontade (de Deus), em ser o que Ele quer que sejamos."

"Assim como o sol ilumina ao mesmo tempo os grandes cedros e cada pequena florzinha, como se só ela existisse sobre a terra, assim também Nosso Senhor se ocupa em particular de cada alma como se não houvesse outra semelhante."

"Tenho as mãos vazias. Tudo o que tenho e todo o meu ganho é pela Igreja e pelas almas."

"Um dia de carmelita passado sem sacrifício é um dia perdido; para ti é a mesma coisa, porque és carmelita de coração."

"Tenho apenas o sofrimento do momento. Se pensamos no passado ou no futuro, perdemos a coragem e nos desesperamos."

"De minuto a minuto, pode-se suportar muito."

"Oh! Como custa dar a Jesus o que Ele nos pede! Mas, que felicidade que custe tanto! Que alegria inefável levar as nossas cruzes sentindo a nossa fraqueza!"

"Dando-se a Deus, o coração não perde a sua ternura natural, pelo contrário, esta ternura cresce, tornando-se mais pura e mais divina."

"Oh! como é bela a nossa religião. Em vez de tornar insensíveis os corações (como o mundo crê), ela eleva-os e torna-os capazes de amar, de amar com um amor quase infinito..."

"Oh! Não deixemos nada no nosso coração, a não ser Jesus!"

"Ó Maria, se eu fosse a Rainha do Céu e Vós fôsseis Teresa, desejaria ser Teresa para que Vós fôsseis a Rainha do Céu."

"Não temas amar muito à Santíssima Virgem, nunca A amarás bastante, e Jesus ficará contente visto que a Santíssima Virgem é a Sua Mãe."

"Muitas vezes só o silêncio é capaz de exprimir a minha oração, o Hóspede Divino do tabernáculo compreende tudo: mesmo o silêncio de um coração de filha está cheio de gratidão!..."

"A Santidade não consiste em dizer coisas bonitas nem também em pensá-las ou em senti-las. Está inteiramente na vontade de sofrer."

"Viver de amor é dar sem medida, sem, na terra, salário reclamar. Ah! Sem contar eu dou, pois, convencida de que quem ama não sabe calcular."

"Compreendi que para se tornar santa era preciso sofrer muito, ir sempre atrás do mais perfeito e esquecer-se a si mesmo."

"Assim se digna o Bom Deus cuidar de mim. Nem sempre pode dar-me o pão fortificante da humilhação exterior, mas de tempos em tempos me permite que me nutra com as migalhas que caem da mesa dos filhos. Oh! quão grande é sua misericórdia! Só no céu poderei cantá-la."

"Jesus é um tesouro escondido, um bem inestimável que poucas pessoas sabem encontrar porque Ele está escondido e o mundo gosta do que brilha."

"Só no Céu, portanto, saberemos quais são os nossos títulos de nobreza. Então, cada qual receberá de Deus o louvor que merece. E quem mais na terra quis ser o mais pobre, o mais esquecido, por amor de Jesus, será o primeiro, o mais nobre e o mais rico!..."

"Nada parece impossível à alma que ama."

"Oh! Como os ensinamentos de Jesus são contrários aos sentimentos da natureza! Sem o socorro de sua graça, seria impossível não só pô-los em prática, mas até compreendê-los."

"A vida não é mais que um sonho, logo despertaremos com um grito de alegria..."

"Deus é admirável, mas antes de tudo é amável..."

"Ah, é a oração e o sacrifício que constituem toda a minha força."

"Não me arrependo de me ter oferecido ao Amor. Oh, não, não me arrependo de me ter oferecido ao Amor..."

De mãos vazias

Ó meu Deus, Beatíssima Trindade, desejo amar-Vos e fazer-Vos amar, trabalhar pela santificação da santa Igreja salvando as almas que estão ainda neste mundo e libertando as que sofrem no Purgatório. Desejo cumprir Vossa Vontade perfeitamente e atingir o grau de glória que me preparastes no Vosso Reino; em uma palavra, desejo ser santa, sinto, porém, minha incapacidade e suplico-Vos, ó meu Deus, que sejais Vós mesmo a minha santidade.

Visto me terdes amado a ponto de concederdes o Vosso Filho Unigênito para ser meu Salvador e meu Esposo, os tesouros infinitos de seus méritos são meus, eu vô-los ofereço com alegria, suplicando-Vos que não me olheis senão pela Face de Jesus e no seu Coração ardente de amor.

Ofereço-Vos, ainda, todos os merecimentos dos Santos, que estão no Céu e na Terra, seus atos de amor e os dos Santos Anjos. Ofereço-Vos, enfim, ó Beatíssima Trindade, o amor e os merecimentos da Santíssima Virgem, minha Mãe querida; a Ela entrego meu oferecimento, suplicando-Lhe de vô-lo apresentar.

Seu Divino Filho, meu Esposo muito amado, durante sua vida mortal, nos disse: "Tudo o que pedirdes a meu Pai, em meu Nome, Ele vo-lo dará!" Estou certa, pois, que satisfareis meus desejos...

Sei, ó meu Deus, quanto mais quereis dar, tanto mais fazeis desejar. Sinto em meu coração desejos imensos e é com confiança que Vos peço que venhais tomar posse de minha alma. Ah, não posso receber a Comunhão tantas vezes quanto desejo, não Sois, porém, Onipotente, ó Senhor? Permanecei em mim, como no Tabernáculo, não Vos afasteis nunca de vossa hostiazinha...

Desejaria consolar-Vos da ingratidão dos maus e suplico-Vos: Tirai-me a liberdade de Vos ofender. Se, por fraqueza, eu cair algumas vezes, Vosso Divino Olhar purifique imediatamente a minha alma, consumindo todas as minhas imperfeições, como fogo que transforma tudo em si mesmo.

Agradeço-Vos, meu Deus, todas as graças que me concedestes, em particular de me terdes feito passar pelo crisol do sofrimento. Contemplar-Vos-ei com alegria no último dia, empunhando o cetro da Cruz, pois que Vos dignastes conceder-me como partilha essa Cruz tão preciosa; espero, no Céu, assemelhar-me a Vós e ver brilhar no meu corpo glorificado os sagrados estigmas de Vossa Paixão.

Após o exílio da terra, espero ir gozar-Vos na Pátria; não quero, porém, acumular merecimentos para o Céu, quero trabalhar só por Vosso Amor, com o único fim de Vos dar prazer, de consolar Vosso Coração Sagrado e de salvar almas que Vos amarão eternamente.

No ocaso desta vida, comparecerei diante de Vós, com as mãos vazias, porque eu não Vos peço, Senhor, que conteis minhas obras... Todas as nossas justiças têm manchas aos Vossos olhos! Quero, pois, revestir-me de Vossa própria justiça e receber de Vosso Amor a posse eterna de Vós mesmo. Não quero outro trono nem outra coroa, senão Vós, ó meu Amado!...

Aos Vossos olhos, o tempo nada é. Um só dia é como mil anos. Vós podeis num instante, pois, preparar-me para comparecer diante de Vós.

Para viver num ato perfeito de amor, ofereço-me qual vítima de holocausto ao Vosso Amor Misericordioso, suplicando-Vos me consumais sem cessar, deixando transbordar em minha alma as ondas de ternura infinita que em Vós se encerram e que assim, eu me torne, ó meu Deus, mártir de Vosso Amor. Que este martírio, depois de ter preparado para comparecer perante Vós, faça-me afinal morrer e que minha alma se precipite sem tardar nos braços eternos de Vosso Amor Misericordioso.

Eu quero, ó meu muito Amado, renovar-Vos este oferecimento um número infinito de vezes, em cada palpitar do meu coração, até que, desaparecidas as sombras, possa repetir-Vos o meu amor num Face a Face eterno.

(na festa da Santíssima Trindade —
9 de junho de 1895)

Novena das Rosas

Quem sabe que uma das causas da propagação da devoção de Santa Teresinha em todas as partes do mundo seja devida em parte à famosa "novena das rosas"? Ela mesma prometeu que uma vez no céu faria cair sobre a terra uma chuva de rosas e que não teria sentido estar no paraíso de "braços cruzados": "Se no céu, não posso continuar a fazer o bem para a Igreja, prefiro ficar na terra". São expressões que nos tocam profundamente e nos fazem admirar mais a doutrina e a pessoa de Santa Teresinha do Menino Jesus e da Santa Face.

A novena das rosas tem uma história simpática e quase infantil. Um desafio que o P. Putigan fez à Santa Teresinha.

O Padre Putigan, em 3/12/1925, começou uma novena pedindo à Santa uma graça importante. Para saber se era ouvido, pediu um sinal. Queria receber uma rosa como garantia de alcançar a graça. Não falou a ninguém da novena que estava fazendo. No terceiro dia, recebeu a flor pedida e alcançou a graça.

> *Santíssima Trindade, Pai, Filho e Espírito Santo, eu vos agradeço todos os favores e graças com que enriquecestes a alma de vossa Serva, Santa Teresinha do Menino Jesus, durante 24 anos em que passou na terra e, pelos méritos de tão querida Santa, concedei-me a graça que ardentemente vos peço — se for conforme a Vossa Santíssima Vontade e para o bem de minha alma.*
>
> *Ajudai minha fé e minha esperança, ó Santa Teresinha, cumpri mais uma vez vossa promessa de que ficaríeis no céu a fazer o bem sobre a terra, permitindo que ganhe uma rosa, sinal de que alcançarei a graça pedida.*

Eu pessoalmente posso dar testemunho de que a novena das rosas não é uma invenção nem tampouco uma crendice. Ela é um sinal verdadeiro de Deus que, por meio de uma rosa, Santa Teresinha dá a sua resposta ao que Lhe pedimos. A novena das rosas é uma forma simples até demais para difundir a devoção de Santa Teresinha. É claro que os nossos irmãos crentes não concordam conosco e quem sabe que existem muitos cristãos que também, em nome de um "cristocentrismo", sentem-se um pouco agredidos na própria fé. Mas eu e, comigo, milhões de cristãos simples e sem cultura necessitamos recorrer aos sinais de cada dia para poder perceber mais viva a presença do Senhor.

Teresinha "peregrina e missionária" por tantos países do mundo, quer levar a todos uma mensagem de vida. É um encontro marcado com a Palavra de Deus que se fez carne e vida na pequena Teresa de Lisieux.

A oração tem tantas manifestações e os amigos da oração que são sempre "amigos fortes de Deus" vão necessitando de meios concretos para chegar ao Senhor.

Gostaria de terminar esta vida breve da minha irmã Santa Teresinha, que carinhosamente gosto de chamar de "minha secretária", tranqüilizando todos que o amor a Santa Teresinha não diminui o nosso amor para com Deus Pai, Deus Filho e Deus Espírito Santo. Teresinha reafirma a sua única missão: "Amar a Deus e fazê-Lo amado".

O Brasil tem uma ligação afetiva com Santa Teresinha, a urna que foi doada para encerrar os ossos da Santa, o Altar que se encontra na Basílica de Lisieux, a primeira Basílica dedicada a ela no Rio de Janeiro, a Igreja dos Padres Carmelitas Descalços, uma das primeiras a ser dedicada a Santa Teresinha, em Taubaté, as mais de 120 Igrejas espalhadas no imenso Brasil. O povo simples sente que Teresinha é irmã de caminhada, uma protetora em quem podem confiar.

Você nunca rezou a Santa Teresinha? Experimente e depois diga-me...

Edições Loyola é uma obra da Companhia de Jesus do Brasil e foi fundada em 1958. De inspiração cristã, tem como maior objetivo o desenvolvimento integral do ser humano. Atua como editora de livros e revistas e também como gráfica, que atende às demandas internas e externas. Por meio de suas publicações, promove fé, justiça e cultura.

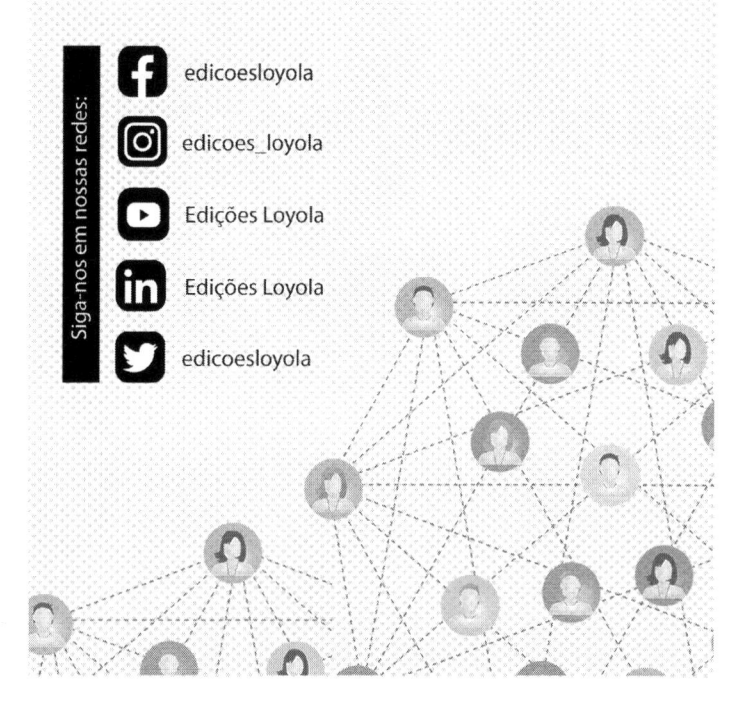

Siga-nos em nossas redes:

- **f** edicoesloyola
- **◎** edicoes_loyola
- **▶** Edições Loyola
- **in** Edições Loyola
- **🐦** edicoesloyola

Edições Loyola

editoração impressão acabamento

Rua 1822 n° 341 – Ipiranga
04216-000 São Paulo, SP
T 55 11 3385 8500/8501, 2063 4275
www.loyola.com.br